Eckhard Schiffer

Warum Tausendfüßler keine Vorschriften brauchen

Eckhard Schiffer

Warum Tausendfüßler keine Vorschriften brauchen

Intuition.
Wege aus einer normierten Lebenswelt

Unter Mitarbeit von Heidrun Schiffer

BELTZ

www.beltz.de

1. Auflage

Umschlaggestaltung: Federico Luci, Odenthal
Umschlagabbildung: Mauritius, Mittenwalde
Druck und Bindung: Druck Partner Rübelmann, Hemsbach
Printed in Germany

ISBN 978 3 407 85857 3

Ein Vogel fragte den Tausendfüßler, wie er es denn schaffe,
seine tausend Füße zu koordinieren.
Der Tausendfüßler dachte nach und geriet ins Stolpern.
Der Vogel fraß ihn auf.
Unbekannt

Inhaltsverzeichnis

Einleitung

Noch zu seinen Lebzeiten schenkte mir mein Großvater seine prächtige Münzsammlung. Ich war damals noch ein Kind und meine Freunde staunten nicht schlecht und wollten mir gleich einige Teile »abluchsen«. Gegen großväterliche Empfehlungen ließ ich mich aufs Tauschen ein. Und so bekam ich für eine unansehnliche römische Münze einen im Durchmesser sechs Zentimeter großen Kupfertaler, auf dem die unglaubliche Zahl von fünf Millionen Reichsmark stand.

Als ich meinem Großvater voller Stolz davon erzählte, zeigte der sich »not amused«, sondern bekam einen regelrechten Wutanfall, der sonst gar nicht zu ihm passte: »Dein Kumpel hat vermutlich noch einen ganzen Keller voll von diesem Schrott! Das war mal Inflationsgeld und 'n Dreck wert. Und auch Sammler haben daran kein Interesse, weil es viel zu viel davon gab!« Dann beruhigte er sich und wurde wieder der freundliche Mensch, als den ich ihn sonst kannte. Durch die Inflation habe er den größten Teil seines Vermögens verloren, erzählte er mir. Inflation komme aus dem Lateinischen und bedeute soviel wie Aufblasen oder Aufblähen, fuhr er fort. Gemeint sei damit ein schnell zunehmendes Ungleichgewicht zwischen den im Umlauf befindlichen Zahlungsmitteln einerseits und den produzierten Waren andererseits, was diese drastisch verteuere. So, wie es insbesondere nach dem Ersten Weltkrieg der Fall war, weswegen man das Ganze ja auch »galoppierende« Inflation genannt habe.

Mein Großvater und sein Zorn auf die galoppierende Inflation fielen mir wieder ein, als meine Frau und ich immer häufiger darauf stießen, wie sich in unseren Fachgebieten, der Pädagogik und Medizin, ebenfalls eine Art galoppierender Inflation zeigt. Nämlich eine Inflation von Leit- und Richtlinien, von Handbüchern, Leitbildern und Qualitätsmanagement, von Evaluationsmaßnahmen, begleitet wiederum von Dokumentations- und Zertifizierungsverpflichtungen. Eine Inflation von Vorschriften, deren zunehmende Ausbreitung die persönliche Glaubwürdigkeit sowie unser eigenes Denken, Urteilen und Handeln an Wert verlieren lässt. »Was Sinn macht«, so eine zeitmodische Formulierung, wird vorgegeben. Schriftlich. Punktum!

Insbesondere in der Pädagogik nach PISA und der Medizin mit ihren chronischen Schwierigkeiten, zu klären, was wie bezahlt werden soll, galoppiert eine muntere Reglementierungsinflation. Aber gerade für schwierige und unübersichtliche Entscheidungssituationen mit einer hohen Kommunikationsdichte reichen Vorschriften alleine nicht aus. Entscheidungen, insbesondere ein gelingendes Krisenmanagement, setzen die Fähigkeit voraus, das nicht bewusste, das heißt implizite Wissen via Intuition in die Entscheidungen mit einfließen zu lassen. Bezeichnenderweise sprachen die Manager des Vattenfall-Konzerns von *Kommunikationsschwierigkeiten*, die dem misslungenen Krisenmanagement bei dem Störfall des Atomkraftwerks Brunsbüttel im Juni 2007 zugrunde lagen.

Wenn sich verbindliche Reglementierungen schriftlich-explizit immer mehr da breit machen, wo situativ-intuitives Wissen sinnvollerweise seinen Platz hätte, entsteht ein großes Vakuum im Hinblick auf alle möglichen Varianten, die zunächst explizit gar nicht erfasst werden können. Dieses Vakuum soll dann – falls es zum Beispiel rechtzeitig bei einem

Probealarm entdeckt wird – mit weiteren Vorschriften gefüllt werden. Das Gleichgewicht zwischen Intuition und schriftlich-expliziten Vorgaben kippt um, die Regelwerke blähen sich immer mehr auf.

Vielen geht es aber gar nicht gut dabei. Kindergärtnerinnen, Ärztinnen/Ärzte, Lehrerinnen/Lehrer und viele andere möchten ihr intuitives Beziehungswissen einsetzen und nicht wie Marionetten fungieren.

Und ein Weiteres noch: Die Reglementierungsinflation mit ihren schriftlich-expliziten Normen verschwendet Ressourcen. Die Verwaltungs- und Dokumentationsarbeit frisst vielerorts, nicht nur in der Pädagogik und Medizin, den eigentlichen Handlungsanteil auf. Und darüber hinaus werden kreative Ideen und Problemlösungen blockiert.

Die Ergebnisse der beobachtenden Säuglingsforschung verdeutlichen, dass intuitives Wissen und damit verknüpfte kommunikative Kompetenz bereits schon mit dem ersten Augenblick unseres Lebens erworben werden. Als Erwachsene verfügen wir über ungeheure Kenntnisse, die uns in kürzester Zeit zur Verfügung stehen. Die Auswahl und das Wirksamwerden dieses Wissens erfolgen allerdings *nicht bewusst*, sondern eben intuitiv. Das Gleiche gilt für unser Einfühlungsvermögen. Auch hier haben die Säuglingsforschung und die Neurobiologie vieles bestätigt, was wir »eigentlich« schon lange wissen, aber bislang nicht ausreichend gewürdigt haben.

Das heißt nicht, dass empathisches und intuitiv gespeistes Wahrnehmen, Entscheiden und Handeln stets richtig sein müssen. Sie können aber immer treffsicherer werden, wenn unsere Intuition dialogisch – im Dialog mit uns selbst oder anderen – reflektierbar ist. Sei es im Freundeskreis, im kollegialen Gespräch oder in der Supervision. Wenn Intuition im expliziten Dialog reflektierbar ist, kann sie sich als Weisheit zeigen. Ungefähr so wie bei dem alten König Salomon.

Was technische Qualitätsstandards, Deutsche Industrie-Normen und die Kontrolle technischer Großanlagen betrifft, wünsche ich mir schon die höchsten Standards. Aber menschliches Leben ist eben nicht nur normierte Industrieproduktion oder Funktion technischer Großanlagen. Menschliches Leben ist mehr. Das haben sogar die Vertreter der künstlichen Intelligenz erkannt. Was dieses *mehr* ausmacht, davon handelt dieses Buch.

Kapitel I
Wissen im Augenblick

weise / Weisheit / Wissen
aus der indogermanischen Wurzel uoida-: ich habe gesehen, ich weiß
(lat. video, vidi, visus: sehen, einsehen, begreifen)

In uns steckt unglaublich viel an Wissen! Wir können darüber *augenblicklich* und ohne längeres angestrengtes Nachsinnen für unser *intuitives* Erkennen, Urteilen und Handeln verfügen. Zu den Anwendungs- und Erscheinungsweisen dieses Wissens gehören ebenso die spontanen *Improvisationen* und der *rettende Einfall* wie auch *Lösungen bei schwierigen Entscheidungen* und *anderweitigen Problemen*. Letzteren kann durchaus ein längeres Nachsinnen vorausgegangen sein, was dann oftmals scheinbar ergebnislos abgebrochen wurde. Dennoch geht es »irgendwie« im Untergrund weiter. Die bewusstseinsfähige Lösung kündigt sich dann zumeist nicht lange an, sondern taucht nach einem nächtlichem Überschlafen plötzlich auf: unter der Dusche, beim Frühstück, beim Radeln auf dem Wege zur Arbeit. Oder die Lösung zeigt sich *vor* dem Einschlafen. Manchmal ist sie aber auch tagsüber mit anderweitigen, eher beiläufigen Gedanken und Wahrnehmungen ohne weitere Geburtswehen augenblicklich präsent: der Text des schwierigen Briefes, die Raumaufteilung des neuen Hauses, die Partnerwahl ...

In diesen Augenblicken profitieren wir von einem Wissen, das wir in unserem Leben angesammelt haben und das sogar um das sozial vererbte Wissen unserer Eltern und Großeltern bereichert werden kann. Es handelt sich dabei größtenteils um ein Erfahrungswissen. Wir eignen uns dies fast beiläufig an, wenn wir in irgendeiner Form »zu Werke gehen« (lat. procedere). Von daher auch die Bezeichnung *prozedurales Wissen.*

Das Merkwürdige an diesem prozeduralen Wissen ist, dass es weitgehend *nicht-bewusst* und ebenso auch nicht an Worte gebunden ist. Teilweise können wir mittels innerer Bilder oder sprachlicher Metaphern auch mehr als nur eine Ahnung davon entwickeln. Schwierig wird es aber oft dann, wenn wir dieses Wissen mit Worten präzise vermitteln, das heißt *auf den Begriff bringen* wollen. Hierfür ein einfaches Beispiel: Unsere Finger »wissen« ziemlich genau, *wie* sie die Schleife der Schuhbänder morgens binden müssen. Aber versuchen Sie mal, liebe Leserin, lieber Leser, *mit Worten* zu beschreiben, wie und mit welchen Fingern Sie eben dies tun ...

Da der Erwerb dieses Wissens mit unserem Tun beziehungsweise Erleben verflochten (lat. implicatio: Verflechtung) ist, das heißt weitgehend ohne belehrende Worte auskommt, gilt hierfür auch die Bezeichnung *implizites Wissen.* Mit einem etwas herausgeputzten begrifflichen Aufwand sprechen wir dann auch vom *implizit-prozeduralen Wissen.* Es ist ein Wissen um das *Wie*-etwas-geschieht. Dies im Unterschied zum Wissen, *was* es und *dass* es dieses oder jenes gibt. Bei Letzterem handelt es sich um das bewusste und wortgebundene *explizite Wissen* (s. Kap. V).

Wenn im Folgenden implizites und explizites Wissen jeweils weitgehend getrennt voneinander dargestellt werden, so geschieht dies aus Gründen der Übersichtlichkeit. Tatsächlich sind jedoch beide Wissensweisen gleichzeitig bedeutsam für uns.

Elemente aus dem implizit-prozeduralen Wissensschatz unseres ganzen Lebens – und das ist unglaublich viel – können grundsätzlich in jedem Augenblick für uns bedeutsam werden. Alles, was wir zum Beispiel an Eindrücken »gesammelt«, das heißt auf einer nicht bewussten Wahrnehmungsebene gesehen, geschmeckt, gerochen, gefühlt und auch an Wort*klängen* und Satz*melodien* gehört haben, kann sich wahlweise je nach Zusammenhang bis ins hohe Alter augenblicklich aktualisieren. So erkennen wir schon aus der Ferne bereits an den Umrissen, dem Gang und dem Lachen, das zu uns herüberweht, wie jetzt mitten zwischen vielen anderen Menschen unser Jugendfreund die Straße entlangkommt. Augenblicklich sind wir im Bilde! Aber nur schwerlich könnten wir mit Worten vermitteln, aufgrund welcher Einzelheiten wir denn den Freund von anderen Passanten auf der Straße eindeutig *unterscheiden* können.[1]

Vermöge unseres impliziten Wissens können wir aber nicht nur auf die Ferne hin unseren Freund von anderen unterscheiden, sondern wir *spüren* auch, wenn wir mit ihm sprechen, *was in ihm vorgeht*, indem wir seine wechselnden Reaktionen auf das, was wir sagen, wahrnehmen.

»Unser Nervensystem ist so konstruiert, dass es vom Nervensystem anderer Menschen ›verstanden‹ werden kann; aus diesem Grund können wir andere nicht nur mit unseren eigenen Augen wahrnehmen, sondern auch so, *als ob* wir in ihrer Haut steckten. Potenziell steht uns eine Art emotionaler Pfad offen, der direkt in den anderen hineinführt; wir nehmen an seinem Erleben teil und lassen es in uns widerhallen, und umgekehrt das Gleiche.«[2] So weit ein erster neurobiologischer Erklärungsversuch unseres situativen Erlebens, wie er ja heute sehr in Mode gekommen ist.

Dieses implizite Wissen ermöglicht uns also, andere zu verstehen. Allerdings meist nur in dem Umfange, in dem wir selber erfahren haben, verstanden zu werden. Wir können uns auf diese Weise auf unser Gegenüber einstellen, von ihm auch vieles erfahren, was sich eben nicht so ohne weiteres *explizit*, das heißt mit Worten, erklären lässt. Ohne dieses Wissen könnten wir uns beispielsweise kaum in einer belebten Fußgängerzone bewegen, ohne mit anderen ständig zusammenzustoßen. Dann brauchten wir tatsächlich auf das Pflaster gemalte *Leitlinien*, die uns zugewiesen würden und von denen wir keinen Finger breit abweichen dürften.

In vielen Lebenssituationen und Berufsfeldern, in denen wir mit Menschen zu tun haben, sind wir mit diesem impliziten Wissen bestens ausgerüstet. Trotzdem gibt es gegenwärtig immer mehr Leit- oder Richtlinien, Standards, Tests und Manuale, die uns vorschreiben wollen, was wir zu tun haben. Hierzu fügt sich auch der Bestsellererfolg eines Buches mit dem Titel »Lob der Disziplin«.[3] Dessen Verfasser fordert, die »Macht als Autorität anzuerkennen«. Nach Abzug der Schnörkel heißt das im Klartext, Befehl und Gehorsam als durchgängiges Kommunikationsmuster zu praktizieren! Im Elternhaus, Kindergarten und in der Schule ... Die Folge dessen wäre dann späterhin tatsächlich – z. B. im Berufsleben – eine weitgehende Abhängigkeit von expliziten Leitlinien.

Dabei kann vieles explizit mit Worten gar nicht erfasst werden, was implizit ohne Schwierigkeiten umgesetzt werden kann! Die spontanen Entscheidungen und Improvisationen, die intuitiv, das heißt aus dem impliziten Wissen heraus, entstehen, sind ungemein »wirtschaftlich«. Sie sind schnell und treffsicher, bedürfen nur eines Augenblicks. Sie bedürfen aber auch der Bereitschaft und Fähigkeit zum expliziten Dialog, um sie bei Bedarf kritisch zu reflektieren. Dieser Dialog kann mit anderen, aber auch in uns selbst stattfinden. Die Dialog*befähi-*

gung wird von Eltern und Lehrern – dialogisch – vermittelt. Aber wohl kaum im Befehlsmonolog.

Implizites Wissen ist an unsere eigene Erfahrungsgeschichte gebunden, ist sehr eng mit dem *Wie* unserer Beziehungs- und Selbsterfahrung verknüpft, insbesondere auch mit unseren Gefühlen und unserer Leibhaftigkeit, das heißt mit allen unseren Sinneserfahrungen. Hierin sind auch motorische Fertigkeiten und Gewohnheiten mit eingeschlossen. Das implizite Wissen hat damit Einfluss auf einen Großteil dessen, was unsere Persönlichkeit ausmacht.

Das Wissen und die Kompetenz, die wir aus unserer Welterfahrung, insbesondere aus der intersubjektiven Erfahrung heraus, angesammelt haben, zeigen wir durch unsere Lebendigkeit in jedem Augenblick. Insofern vermitteln wir sie stets auch an ein wahrnehmendes Gegenüber. Wir »vererben« sie insbesondere unseren Kindern, aber auch unseren Patienten, Schülern ... – ob wir es wollen oder nicht. Gleich auch, ob es gute oder schlechte Erfahrungen sind.

Ob wir zum Beispiel bald ohnmächtig werden oder uns besonnen um ein Pflaster kümmern, wenn wir uns in den Finger geschnitten haben und Blut sehen, hängt wesentlich davon ab, *wie* wir vordem selber als Kinder solche Situationen mit einem erwachsenen Gegenüber durchlebt und wahrgenommen haben. War es ein tröstendes, gelassenes Gegenüber oder war es hektisch und panisch, ekelte sich vielleicht sogar ...?

Dieses Beispiel verdeutlicht auch, wie sinnvoll eine innere Bereitschaft zu einem Dialog über das sein kann, was sich *augenblicklich* vor unserem impliziten Erfahrungshintergrund immer wieder zeigt. Sind wir über etwas erschrocken, zum Beispiel über eine blutende Wunde, dann hilft der Dialog mit einem vertrauten und wohlwollenden Gegenüber, der nicht nur – explizit – sagt: »He, stell dich doch nicht so an ...«, sondern von dem wir uns auch implizit wertgeschätzt und angenommen wissen und der spürt, was in uns vorgehen mag.

Vieles aus unserem impliziten Wissensschatz heraus ist ungemein nützlich und »zeitökonomisch«. Unseren Vor-Annahmen, Vor-Urteilen und Handlungsmustern liegen stets auch unsere schnell aktualisierten impliziten Erfahrungen zugrunde. Die guten wie die schlechten. Damit nun aus Vor-Urteilen nicht das wird, was wir üblicherweise darunter verstehen, nämlich ein Verklemmen geistiger Prozesse, oft auch eine Erstarrung oder ein Einrosten, bedarf es auch hier der Bereitschaft zu einem inneren und äußeren Dialog über diese Vor-Annahmen und Vor-Urteile.[4] Dann kann der Augenblick auch *Weisheit* im Sinne einer *reflektierbaren* und *reflektierten Intuition* freisetzen.

Das Wissen um die »Chancen und Risiken« von Intuition und Spontaneität kann sehr erfrischend sein. Es ermöglicht spontane, aber dennoch bedarfsweise reflektierte Lebensentfaltung ohne Korsettstangen – Letztere in Form von Qualitätsmanagement, Leitlinien, ausufernden Dokumentationsanforderungen oder sonstigen Normierungen. Das Subjekt wird dann nicht zur besseren Verwaltbarkeit auf ein Normalmaß gebracht, sondern kann sich im dialogischen Kontext seinem *eigenen Wesen* nach entfalten.

Schon seit einiger Zeit wissen wir, dass implizite *Informationsverarbeitungsprozesse*, das heißt implizites Lernen und Wissen, insbesondere in schwierigen und unüberschaubaren Situationen, in denen zusätzlich schnelle Entscheidungen gefordert sind, dem expliziten Modus eindeutig überlegen sind. Ein erfahrener Gruppentherapeut weiß intuitiv, wie er sich in einer kritischen Situation zu verhalten hat, ebenso, wie eine erfahrene Grundschullehrerin sehr bald weiß, wie sie einen Schüler oder eine Schülerin in ihren Stärken und Schwächen einzuschätzen hat. All dies auch nur annäherungsweise zutreffend und nachvollziehbar schriftlich zu vermitteln beziehungsweise zu dokumentieren wäre trotz eines Maximalaufwandes an »Text« zum Scheitern verurteilt.

Es zeigt sich eine Kluft zwischen intuitiv Erfassbarem und dem mit begrifflicher Genauigkeit Beschreibbaren. Letzteres lässt sich dokumentieren. Ersteres nicht ohne weiteres – jedenfalls nicht immer als sinnvolle Übung. Auch wenn man eine Gruppensitzung filmen würde, dokumentierte sich in dem Wie der Handlungsabfolgen immer nur die Spitze des Eisberges. Und die verbale Interpretation dessen, was unter der Wasseroberfläche ist, erfasste ohne implizites Beziehungswissen auch nur einen Teil davon.

Vielen der zeitgenössischen Normier- und Kontrollbestrebungen haftet – wie immer auch sie begründet sein mögen – sofort ein Geburtsfehler an, wenn sie implizite Prozesse explizit erfassen wollen. Es gelingt eben nicht das, was vor 250 Jahren Immanuel Kant als das Erfolgsrezept der Naturwissenschaftler beschrieb: nämlich reproduzierbare (wiederholbare) und damit – von anderen – überprüfbare Erkenntnisse zu gewinnen, indem die Natur vom Wissenschaftler *genötigt* wird, nur auf die Fragen zu antworten, die der Wissenschaftler ihr im Experiment stellt.

Genau dieses Schema gilt übrigens auch für die industrielle Reproduktion. Wie im naturwissenschaftlichen Experiment wird unter definierten und damit kontrollierbaren Bedingungen etwas hergestellt. Und die Produkte, die auf diese Weise in einem bestimmten Fertigungsgang entstehen, sind nach Form und Inhalt identisch, egal an welchem Ort, von welchen Menschen unter *denselben Bedingungen* reproduziert wird.

In diesem Zusammenhang stellt sich die Frage, ob das, was in den letzten Jahren unter der Flagge Qualitätsmanagement,

Controlling oder Einführung von definierten Standards segelt, nicht auf eine Industrialisierung zwischenmenschlicher Beziehungen in Institutionen wie Arztpraxen, Krankenhäusern, Schulen, Kindergärten und Universitäten abzielt. »Vieles, was so unter dem Titel der Effizienzsteigerung zur Reform des Bildungswesens unternommen wird, gehorcht schlicht dem Prinzip der Industrialisierung.«[5]

Wenn wir mit unserem Wissen – implizitem wie explizitem – das Bestmögliche anfangen, dann sollten wir auch eine Vorstellung davon haben, wie es »funktioniert« und brauchen nicht drei- oder viermal jährlich die künstliche Aufregung durch die OECD mit ihren gebetsmühlenartigen Warnungen vor angeblich zu wenig deutschen Abiturienten und Studenten. Wir bedürfen keiner »hysterischen Quartals-Testeritis«, wie es der Präsident des Deutschen Lehrerverbandes Kraus formuliert hat, der von der Kultusministerkonferenz eher eine Diskussion darüber erwartet, *was* Schüler heute denn konkret lernen sollen. Bildung dürfe sich nicht auf durch PISA messbare Standards beschränken. »Lasst euch auf eine Debatte um Kerncurricula etwa in der Literatur, in der Geschichte, in der Kunst, in der Musik ein«, riet Kraus den Kultusministern.[6]

Implizites Wissen lässt sich nicht industrialisieren. Vielmehr kann es sogar dem im Industrialisierungsprozess gefangenen Subjekt wieder Bedeutung verleihen.

Augenblicke

Von Jorge Luis Borges (Argentinien, 1899–1986)

Wenn ich noch einmal mein Leben leben könnte,
würde ich im nächsten Leben versuchen, mehr Fehler zu machen.
Ich würde nicht versuchen, so perfekt zu sein;
ich würde alles entspannter angehen.
Ich wäre verrückter, als ich es gewesen bin;
tatsächlich würde ich sehr wenige Dinge ernst nehmen.
Ich würde mich weniger um Hygiene kümmern.
Ich würde mehr Risiken eingehen, (...)
würde mehr Abenddämmerungen betrachten, würde mehr Berge erklimmen,
würde in mehr Flüssen schwimmen.
Ich würde an mehr Orte gehen, an die ich nie gegangen bin,
würde mehr Eis und weniger Bohnen essen. (...)

Ich war einer von den Menschen, der jede Minute seines Lebens besonnen und äußerst produktiv gelebt hat.
Selbstverständlich kannte ich fröhliche Augenblicke.
Aber, wenn ich zurückkehren könnte, würde ich versuchen, nur schöne Augenblicke zu erleben.
Denn, falls ihr es nicht wisst: Nur daraus besteht das Leben:
aus Augenblicken.
Verliere nicht das Jetzt!
Ich war einer von denen, die nie irgendwohin gingen ohne Thermometer, Wärmflasche, einen Regenschirm und einen Fallschirm.

Falls ich nochmals leben könnte, würde ich
mit leichterem Gepäck verreisen.
Wenn ich nochmals leben könnte, würde ich bei Frühlingsbeginn
anfangen,
barfuß zu laufen,
und ich würde das bis zum Ende des Herbstes beibehalten.
Ich würde öfter Karussell fahren, würde mehr
Morgendämmerungen
betrachten
und würde mit mehr Kindern spielen,
wenn ich noch einmal mein Leben vor mir hätte.

Aber, was soll's, ich bin schon 85 Jahre und weiß, dass ich bald
sterben werde.

Kapitel II
Intuition – nicht »aus dem Bauch«, sondern aus dem ganzen Menschen

Intuition
(aus lat. intueri, intueor, intuitus sum:
ansehen, hinschauen, betrachten, erwägen)
– Anschauung;
– unmittelbar ganzheitliche Sinneswahrnehmung
im Gegensatz zum Beobachten von Einzelheiten;
– Erkennen des *Wesens* eines Gegenstandes ohne längeres Nachdenken
in *einem* Akt des Erkennens, dies im Gegensatz zur *Diskursivität*:
in logischen Einzelschritten in der Erkenntnis voranschreiten;
– eingebungsartiges Schauen, ahnungsvolles Erfassen.

Der kleine Jörg ist mit seinen Eltern über zehn Tage zu Besuch bei den Großeltern. Zum Gutenachtritual gehört, dass der Opa abends die Lieder, die Jörg sonst von seinen Eltern vorgesungen bekommt, jetzt auch auf der Flöte vorspielt. Jörg hört stets andächtig zu. Eines Abends signalisiert er nach dem Flötenspiel jedoch nicht – wie sonst zu erwarten gewesen wäre – sein Einverständnis, jetzt ins Bett gebracht zu werden. Vielmehr zerlegt er in Windeseile seine Kugelbahn, fügt mehrere kleine Rohre zu einem längeren Rohr zusammen und stellt sich damit vor den Notenständer. Dann summt er in dieses Rohr die ihm gegenwärtigen Melodien und bewegt die Finger dazu wie beim Flötenspiel. Nach einigen Takten dreht er sich um, schaut gespannt in die Runde und beginnt zu strahlen, als er die freudigen Gesichter der applaudierenden Zuhörer sieht.

Hätten die Erwachsenen hier nicht intuitiv erkannt, dass es in diesem Augenblick *nicht* darum ging, die Zeitgrenzen, d. h. die pädagogischen Richtlinien vom Zubettgehen, einzuhalten, sondern sich auf das einzulassen, was dem kleinen Jörg vorschwebte, dann hätte sich diese wunderbare Geschichte nicht ereignet. Aber nicht nur das. Die Erwachsenen hätten – zumindest vorerst – eine große Chance verpasst, den Jörg eine *eigene* Motivation für das Musizieren finden zu lassen. Aus eigener Motivation und Freude heraus zu musizieren ist nämlich etwas anderes als das, was meine Patientin Wiebke erlebte, von der in Kap. VII die Rede sein wird.

Dass die Erwachsenen nicht darauf bestanden, Jörg seine Kugelbahn beiseitestellen zu lassen und ihn ins Bett zu schicken, verdankten sie ihrer Intuition aus ihrem eigenen impliziten Beziehungswissen heraus.

Seit zweieinhalbtausend Jahren schon befassen sich die Menschen mit der Intuition beziehungsweise deren unterschiedlichen Bedeutungen und Wertschätzungen. Offensichtlich stellt die Intuition ein Thema dar, das die Menschen in ihrem Erkenntnisstreben seit Beginn des überlieferten philosophischen Denkens nicht loslässt.[1]

Immanuel Kant (1704–1784) hielt von Intuition als Weg zur Erkenntnis durch innere bildhafte Anschauung zunächst herzlich wenig. Denn Erkenntnis, so Kant, wird *begrifflich-diskursiv* und nicht in der Anschauung gewonnen. Diese schroffe Position provozierte in der Folgezeit, insbesondere auch in der Romantik, Gegenbewegungen. (Die schrecklichste Gegenbewegung war die Rede der Nationalsozialisten vom »zersetzenden Verstand«.) Aber Kant selbst hat implizit (!) diese schroffe Position aus der *Kritik der reinen Vernunft* späterhin wieder in Frage gestellt.[2] Veranschaulicht sei dies an der intuitiv-schöpferischen Entstehensweise eines *Entwurfes*, zum Beispiel dem eines Hauses.

Jedes Haus, nehmen wir als Beispiel das Hundertwasser-Haus in Wien, erscheint zunächst als Entwurf in der inneren Anschauung – gewissermaßen auf der »inneren Leinwand«. In diese innere Anschauung wird der Entwurf von der Fantasie eingespeist. Anschauung und Fantasie (Letztere als *produktive Einbildungskraft* im Kant'schen System) sind eng miteinander verknüpft. Denn ich bekomme zuerst in der inneren Anschauung zu Gesicht, was die Fantasie mit ihrer Fähigkeit, etwas Neues hervorzubringen, entwirft.

Der Entwurf des Hauses, den wir in unserer inneren Anschauung wahrnehmen, setzt aber praktische, d. h. auch implizite Kenntnisse über die Bedürfnisse und Bräuche seiner künftigen Bewohner, Kenntnisse der Gesellschaft, der diese Bewohner angehören, sowie deren Kulturstufe und politische Ordnung voraus, damit sich diese zukünftigen Bewohner des Hauses darin wohlfühlen, sich eben »zu Hause fühlen« können. Jeder gelungene architektonische Entwurf zeigt, dass Vernunft und Intuition nicht voneinander zu trennen sind.[3] Vernunft zeigt sich also nicht nur im Technisch-Naturwissenschaftlichen. Dies zu meinen wäre sogar höchst unvernünftig. So wie es unvernünftig wäre, ein Haus zu bauen, das zwar der Statik genügt, aber nicht ermöglicht, dass seine Bewohner sich darin wohlfühlen, wie die aufs Technisch-Funktionale reduzierten Plattenbauten zeigen: »Es ist also durchaus nicht eine Sache der Willkür und des freien Beliebens, wie unser produktives Vermögen die Modelle, die wir verwirklichen wollen, entwirft. Sie müssen im Zusammenhang der Welt, in die sie hineingestellt werden, ›richtig sitzen‹« (Picht 1969). Die Vernunft, die in den schöpferischen Entwurf mit eingeht, ist also nicht nur begrifflich-diskursiv. Sie entspricht zugleich auch in vielem dem, was bereits als implizites Wissen vorgestellt worden ist.

Eben dieses Wissen speist unsere Intuition. Der Augenblick, in dem diese sich freisetzt, lässt leise knisternd die Vergangenheit des prozedural Erworbenen mit dem Zukünftigen, dem jeweils noch nicht ganz Bewussten im Entwerfen zusammengehen. Oder etwas weniger feierlich: Unser Erfahrungswissen hat, sofern es in irgendeiner Weise reflektierbar ist, eine ungeheure Kraft in sich.

Für *Ernst Bloch*[4] zeigt es sich als »belehrte Hoffnung« (*docta spes*), als aufsässig-schöpferisches Moment utopischer Entwürfe für eine menschlichere gesellschaftliche Verfasstheit. (Was könnten wir, globalisierungsverschlissen, derzeit dringender brauchen?)

Unser lebendiges schöpferisches Handeln, das nicht nur reproduziert, lebt von diesem Wissen und kann es zugleich vermehren. Gleich, ob wir ein Bild malen (s. Kap. VII) oder einen Garten anlegen.

Und noch ein Köder für »Realisten«: Wirtschaftlicher Innovation und Kreativität könnte, wie die Japaner *Nonaka* und *Takeuchi* (s. Kap. VI) beispielhaft belegen, dieses Wissen ebenfalls zugute kommen. Sofern man sich die Mühe macht, es zu vermitteln.

Das implizit-prozedurale Wissen ist auch entscheidend für unser Körperschema und Körperbild, d. h. für die Gewissheit, in unserem eigenen Leib zu Hause zu sein. Zugleich ermöglicht dieses Wissen, die Leibhaftigkeit eines Gegenübers zu verstehen: Sei es die des Patienten in der ärztlichen Sprechstunde oder der Schülerin im Sportunterricht. Wir können dann intuitiv sowohl deren Zerbrechlichkeit als auch deren Ressourcen erspüren.

Unser implizites Beziehungswissen ermöglicht uns Spontaneität in der Begegnung mit anderen Menschen. Die mit unserem impliziten Wissen verbundenen inneren Bilder ermöglichen, dass wir uns situativ rasch orientieren können, das heißt schnell *im Bilde sind*, wenn beispielsweise unser Freund am Ende der Straße erscheint. Wir erkennen schnell, *dass* er es ist und *wie* es um ihn bestellt sein mag.

Damit wird deutlich, dass die oben genannte schroffe Kant'sche Position nicht haltbar ist: Wenn wir *im Bilde sind*, dann haben wir etwas schon bestens verstanden, ohne es zwangsläufig *auf den Begriff gebracht* haben zu müssen.

Ohne begriffliche Interpretation können wir auch die bildnerische Darstellung eines Künstlers verstehen, wenn wir in dieses Bild *einsteigen*, uns in diesem Bild bewegen. Wir sind dann im wortwörtlichen Sinne *im* Bilde.[5] Dass wir uns in einem Bild bewegen können, hat wiederum viel mit unserem impliziten Wissen zu tun.

Was hier für die bildnerische Darstellung gilt, verdeutlicht Daniel Stern (2005) beispielhaft an dem Erleben von Musik: »Man kann ein musikalisches Werk hören und dekonstruieren und auf diesem Wege zu einem expliziten Verständnis seiner Komposition gelangen. Dazu bedarf es einer gewissen Ausbildung. Zumeist aber verhalten wir uns anders. Wir hören die Musik immer wieder und erleben sie mit wachsender Intensität. Bei jedem Hören interessieren, überraschen und erfreuen uns andere Aspekte. Wir *kennen* die Komposition besser, und zwar im Sinne eines tieferen, reicheren Erlebens. Wenn ein Patient und ein Therapeut zusammenarbeiten, geschieht etwas Ähnliches. Der Unterschied zwischen dem kognitiven Verstehen des Erlebens und der Bereicherung des Erlebens ist von entscheidender Wichtigkeit«.[6] Ähnliches meinte schon vor Jahrzehnten der Arzt und Psychoanalytiker Michael Balint, als er dazu einlud, den Patienten nicht nur als strukturell vermessbares Objekt zu erklären, sondern gleichfalls auch als Kunstwerk zu verstehen.

Vor diesem Hintergrund erscheint es schon bald als tragisch-komisch, wenn im Zusammenhang mit dem »PISA-Schock« anstelle der Schulräte, die früher zumindest eine Stunde lang im Unterricht dabei waren, jetzt sogenannte Schulinspektoren innerhalb von zwanzig Minuten anhand vorgegebener formaler *expliziter* Kriterien die Qualität des Schulunterrichtes beurteilen wollen.

Die Lebendigkeit unseres Denkens speist sich aus unserem impliziten Wissen, zu der auch unsere intuitive Begabung gehört. Je weniger Raum dafür in einer von Richtlinien bestimmten Lebenswelt ist, desto kälter und armseliger wird es in uns und um uns herum (s. hierzu auch Kap. IV).

Zunächst aber noch einmal zurück zum Entwurf, beispielsweise beim *therapeutischen Handeln*: Dieses weist als Gesamtentwurf wie auch in seinen Zwischenentwürfen und Untergliederungen sowohl eine intuitiv *erkennende* als auch eine intuitiv *schöpferisch-entwerfende* Komponente auf. Je mehr wir uns in den Prozess hineinwagen, desto mehr sind wir auf unsere Intuition angewiesen, wenn die Therapie gelingen soll. Hierzu erzählt Michael Balint das schöne Beispiel vom Purzelbaum in der Therapiestunde: »Es war zu jener Zeit, als ich einmal die Deutung gab, es sei für sie (die Patientin, E. S.) sehr wichtig, immer den Kopf oben und die Füße fest auf den Erdboden zu behalten. Darauf erwähnte sie, dass sie es seit frühester Kindheit nie fertiggebracht habe, einen Purzelbaum zu schlagen, obwohl sie es oft versucht hatte und ganz verzweifelt war, wenn es nicht ging. Ich warf ein: ›Na, und jetzt?‹ – worauf sie von der Couch aufstand und zu ihrer eigenen größten Überraschung ohne weiteres auf dem Teppich einen tadellosen Purzelbaum schlug. Dies erwies sich als ein wahrer Durchbruch ...«

Michael Balint (1986–1970) war wohl einer der kreativsten Köpfe in der bisherigen Geschichte der Psychoanalyse.[7] Seine wichtigste Aufgabe sah er darin, die möglichen Hilfen durch die Psychoanalyse nicht nur einigen Privilegierten, sondern der Bevölkerung in einem breiten Umfange zukommen zu lassen. Jenseits der häufig sehr starr gehandhabten Anwendungsvorschriften modifizierte Balint psychoanalytische Verfahrensweisen erfolgreich für so unterschiedliche Felder wie die Kurztherapie und die – späterhin nach ihm benannte – Gruppenarbeit mit Ärzten zur Verbesserung der Arzt-Patienten-Beziehung sowie zur Anwendung psychotherapeutischer Elemente in der ärztlichen Allgemeinpraxis.

Ich kann mir vor diesem Hintergrund sehr gut ein flüchtiges Schmunzeln vorstellen, das Balints intuitive Bemerkung »Na, und jetzt?« begleitet haben mag. Manch gestrenger Psychoanalytiker mag sich darüber irritiert gezeigt und Balint ein verführerisches Agieren vorgeworfen haben, denn ein solches ist mit der analytischen Grundregel der Abstinenz absolut unvereinbar; mithin ein schlimmer Verstoß gegen die Vorschriften!

Balint selbst setzte mehr auf dialogische Reflexion seiner Experimente und Behandlungsergebnisse als auf Vorschriften. Und in der Gruppenarbeit, die seinen Namen trägt, stellt das Ensemble der Intuitionen aller Teilnehmer zu der zuvor dargestellten Arzt-Patienten-Geschichte ein entscheidendes Moment dar. Bedeutsam ist für die Balint-Arbeit also auch das Beziehungsgeschehen in der Gruppe selbst, wenn es darum geht, die Intuition des Einzelnen »einzusammeln«.

Dabei kann sich, für alle Gruppenteilnehmer unmittelbar erfahrbar, das abbilden, was sich zuvor in der ärztlichen

Sprechstunde zwischen Arzt und Patient in der referierten Beziehungsepisode abgespielt haben mag. Hierüber eröffnen sich in einer fast spielerischen Weise dem referierenden Arzt Möglichkeiten, die Problembeziehung zu seinem Patienten besser zu verstehen und zugleich auch situationsangemessene Verhaltensweisen in der Auseinandersetzung mit dem Patienten zu durchdenken.

In einer von *Alfred Drees*[8] entwickelten Variante der Balint-Arbeit, der sogenannten *prismatischen Balintgruppe*, sind die Teilnehmer aufgefordert, ihre Intuitionen vorwiegend über Bilder, Stimmungen und Körperempfindungen zu vermitteln. Es zeigte sich dabei immer wieder, dass im Rahmen der Gruppenarbeit die einzelnen Bilder und Empfindungen sich zu einer – zutreffenden – Gesamtintuition ergänzen (dies in Analogie zur Ergänzungsweise der Spektralfarben, in die das Licht zerlegt wird, wenn es auf ein Prisma trifft).

Grundlegend für das »Funktionieren« der Balint-Gruppenarbeit dürfte die Zusammenschau des – durch die Fallgeschichte aktualisierten – impliziten Beziehungswissens aller Teilnehmer sein. Darüber hinaus vermitteln der Begriff wie auch das Bild einer *prismatischen* Balintgruppe das Phänomen, dass vergleichbar den Regenbogenfarben – die erst mit der *prismatischen* Brechung des weißen Lichtes sichtbar werden – auch *abgewehrte* und damit *unbewusste* Momente, die für die Fallgeschichte bedeutsam sind, im Gruppenprozess aufleuchten können. Sowohl dieses *psychodynamisch Unbewusste*[9] als auch das implizit Nicht-Bewusste können also über intuitive Bilder vermittelt werden, ohne dass deren Bedeutungen und implizite Inhalte auf den Begriff gebracht werden müssen. Die Gruppenteilnehmer sind dann meist auch ohne wortreiche Erläuterungen *im Bilde*.

Intuitives Erkennen und intuitives spielerisch-schöpferisches Handeln auf der Grundlage unseres impliziten Beziehungswissens sind aber nicht nur eine Angelegenheit von Therapeuten, sondern von allen, die mit Kindern oder der Kindheit von Erwachsenen zu tun haben. Gemeint sind also ziemlich viele Menschen: Eltern, Erzieherinnen, Lehrer, (Kinder-)Krankenschwestern, Ärzte, Politiker, …

Schauen wir uns hierzu noch einmal das eingangs genannte kleine Beispiel von Jörg und seinem Flötenspiel an: In der Interaktion zwischen Jörg und seiner Familie – die ein intuitives *Erkenntnis*vermögen der Erwachsenen erfordert – entfaltet sich das *schöpferische* Moment der Intuition. Dieses hat bei Jörg zunächst mit dem impliziten Wissen zu tun, dass es Spaß macht, etwas auszuprobieren, und dem Motiv, aus der Beziehung zum Großvater heraus es diesem gleichzutun. Die Erwachsenen wissen implizit, was dem kleinen Jörg in dieser Situation guttut. Die Handlungsentwürfe aller sind aufgrund dieses impliziten Wissens harmonisch miteinander verschränkt.

Wenn wir nun die Erwachsenen in dieser Situation fragen würden, warum es ihnen gelingt, sich so prächtig auf den kleinen Jörg einzulassen, dann würden sie vermutlich antworten: »Ach, einfach so aus dem Bauch raus …« Damit ist der gefühlshafte Aspekt des Beziehungsgeschehens gemeint. Dieser gibt jedoch nur sehr verkürzt wieder, was hinter der oben geschilderten kleinen Episode mit Jörg steht. Entscheidend sind die eigenen impliziten Beziehungserfahrungen der Eltern und Großeltern im Spielen, nämlich die Erfahrung, als Kinder eigenständig, ohne permanente Bevormundung sich selber erprobt und die Welt erkundet haben zu können. Ist hingegen implizite Erfahrung so vonstattengegangen, dass die Bevormundung im Vordergrund stand, wird sich genau diese Erfahrung in der Beziehung zu den eigenen Kindern leider häufig auf dieselbe Weise wiederholen. Es sind dann eben keine *Spiel*regeln – wie sie gemeinsam von Jörg und seiner Familie gefunden wurden –, die den Lebensalltag bestimmen, sondern starre *Richt*linien, die für die Entwicklung des Eigenen kaum noch einen schöpferischen Spielraum zulassen.

Es ist also die Erfahrung eines ganzen Lebens, die jeweils hinter der Intuition steht. Sind es insbesondere die frühen Anteile dieser Erfahrung, die uns haben erleben lassen, wie wir uns unter wohlwollend-interessierter Wahrnehmung frei haben entfalten können, dann werden wir dies auch in der Begegnung mit unseren Mitmenschen – mit Kindern wie mit Erwachsenen – wiederholen können. Was dann als spontanes Geschehen »aus dem Bauch heraus« erscheint, impliziert in jedem Augenblick unsere aktualisierten guten früheren Erfahrungen. Indem diese – wie bei Jörg – interaktionell weitergereicht werden, entstehen *Augenblicke der Begegnung*.

Kapitel III
Improvisieren

improvisieren (lat. improvisus: unvorhergesehen)
etwas ohne Vorbereitung,
aus dem Stegreif tun

»Das Thema, das ansteht, ist häufig wohlbekannt, und trotzdem weiß man nicht, was im nächsten Augenblick geschehen wird. Wenn der Therapeut dies zu wissen glaubt, behandelt er keine Menschen, sondern eine Theorie.«

(Daniel Stern)

Daniel Stern (2001), Säuglingsforscher und Psychoanalytiker, hatte einen genialen Einfall. Er untersuchte das Geschehen zwischen Therapeut und Patient einerseits sowie Mutter/ Vater und Kind andererseits auf mögliche Gemeinsamkeiten hin. Dabei gelangte er zu folgender Erkenntnis: »Der Mikroprozess innerhalb einer therapeutischen Sitzung scheint sich in einer Art Improvisation zu vollziehen, in der kleine Schritte, die notwendig sind, um ein Ziel zu erreichen, unvorhersagbar sind; das Ziel selbst ist auch nicht ganz klar und kann sich ohne Ankündigung verändern, wie dies auch aus Beobachtungen von Mutter-Kind-Interaktionen bekannt ist.«[1]

Mit anderen Worten: Das, was sich in der Therapie wie auch zwischen Eltern und Kind abspielt, ereignet sich in kleinen, unvorhersehbaren Schritten. Die Eltern wie auch die Therapeuten bedürfen einer ausgeprägten Intuition, um zu erfassen, was ungefähr dem Kind beziehungsweise dem Patienten in den jeweiligen Augenblicken des Geschehens guttun könnte. Zugleich bedürfen sie einer munteren Improvisationslust, um ihre Ahnung dann auch zeitnah im aktuellen Beziehungsgeschehen umsetzen zu können. Intuition und Improvisation speisen sich weitgehend aus dem *impliziten Beziehungswissen.*

Nun leuchten in diesem improvisierten Beziehungsprozess nicht ständig solche Highlights auf wie der Purzelbaumimpuls des Therapeuten Balint oder das »Flötenkonzert« (s. Kap. II). Vielmehr ereignet sich überwiegend ein sachtes wechselseitiges Sich-aufeinander-Einstimmen. Dieses bezeichnet Daniel Stern als *Vorangehen* oder *moving along.* Es besteht aus aneinandergereihten Augenblicken oder *Gegenwartsmomenten.* Bei dem *Vorangehen* handelt es sich um ein spontanes Geschehen. »Der Therapeut kann nicht genau wissen, was die Patientin in Kürze sagen wird oder was er selbst als Nächstes sagen wird. Dies weiß er erst, wenn er es sagt.«[2] Dasselbe gilt auch für die Eltern in der Begegnung mit ihren Kindern.

»Weil (aber, E. S.) der Prozess (...) von Schritt zu Schritt weitgehend spontan und unvorhersagbar ist, kommt es (auch, E. S.) zu zahlreichen Fehlabstimmungen, Entgleisungen, Missverständnissen und Unschärfen. Diese ›Fehler‹ machen einen Korrekturprozess erforderlich.«[3] Selbst in wirklich gelungenen Passagen zwischen Eltern und Säugling komme es in jeder Minute zu zahlreichen Missverständnissen oder *»Schrittfehlern«*, die zumeist jedoch von einem oder beiden der Beteiligten rasch wieder korrigiert würden. Manchmal stellten Unterbrechung und Wiederherstellung des *moving along* die Hauptaktivitäten von Eltern und Baby dar. Stern hat diese Ausrutscher mit »Schrittfehlern beim Tanzen« verglichen. Diese Schrittfehler seien »ungemein wertvoll«, weil die Art und Weise, wie Korrekturen ausgehandelt würden, uns als implizites Beziehungswissen im späteren Leben zur Verfügung steht, wenn es darum geht, Schrittfehler »beim Tanzen« zu korrigieren: in der Partnerschaft, der Begegnung mit unseren Kindern, Freunden, Nachbarn, Kollegen, Schülern (...).

Lob der Ungenauigkeit

Die Stolperschritte beim Tanzen resultieren aus der Ungenauigkeit, mit der sich zwei – oder auch mehrere – an einem *moving along* Beteiligte aufeinander einstimmen. Diese sollte jedoch nicht als ein Fehler oder ein »Knirschen« im System betrachtet werden. Die Ungenauigkeit bringe zwar unerwartet neue und häufig auch chaotische Elemente in das dialogische Miteinander ein. Hierüber könne sich jedoch eine unglaubliche Kreativität entfalten, sofern die Grundabsicht der Dialogpartner auf Verständigung ausgerichtet ist. Ebenso wie andere ungeplante Vorgänge ermögliche dann die Ungenauigkeit überraschende Entdeckungen, die einer (spielerisch-)dialogischen Beziehung »ihre unverwechselbare Einzigartigkeit verleihen. Sie zählt zu den potenziell kreativsten Elementen. Das blanke Gerüst, das die Theorie zu Verfügung stellt, wird durch die Ungenauigkeit und das plötzlich durchbrechende (...) Material mit Leben erfüllt.«[4] Zugleich betont Stern allerdings auch, dass Ungenauigkeit nur dann kreative Kräfte entfalte, wenn sie sich innerhalb eines festen Rahmens abspiele. »Ohne einen solchen gäbe es nur Unordnung. Infolgedessen muss der Therapeut mit einer Technik und mit theoretischen Leitlinien arbeiten, die ihm zusagen und mit denen er Erfahrung hat.«[5] Innerhalb des Rahmens eines gewählten theoretischen Ansatzes bleibe, so Stern, reichlich Raum für Ungenauigkeit. Darüber hinaus gewähre der individuelle Stil, den der einzelne Therapeut im Rahmen eines theoretischen Konzeptes entwickelt, genügend Freiräume zur gemeinsamen Produktion von Ungenauigkeit. Für den spielerischen Dialog zwischen Eltern und Kind wäre in diesem Zusammenhang noch zu ergänzen, dass hier ein bestimmter *Stil* durchgehalten werden sollte – wobei sich der Stil der Eltern von dem der Großeltern des Kindes getrost unterscheiden darf. Grundsätzlich gilt also festzuhalten, dass das aus der Ungenauigkeit heraus entstehende Chaos sich nur dann produktiv auswirken kann, wenn gleichzeitig ein Orientierung vermittelnder Rahmen oder Stil gegeben ist. Diese sind aber von Kochbüchern und Rezepturen deutlich zu unterscheiden.

Improvisation und Klang-Grammatik

Martin ist ein brillanter Organist, Bach-Kenner und Orgelfachmann. Wenn meine Frau und ich ihn besuchen, zaubert er für uns »Toccata und Fuge in d-Moll«, Choralvorspiele und Improvisationen, ...

»Während des Studiums an der Musikhochschule mussten wir auch spontan improvisieren«, erzählt Martin auf meine Frage. »Das war für mich aber eine Qual – spontan nach vorgegebenen Regeln Klänge beziehungsweise Tonfolgen zu produzieren und dann noch vor den kritischen Ohren der Professoren zu bestehen. Ich habe mich jedes Mal danach ganz krank gefühlt.« »Das ist ja fast so, als ob man bei einer Stegreifrede sich gleichzeitig vergegenwärtigen müsste, nach welchen grammatikalischen Regeln man die Sätze bildet ...?« Martin nickt mit dem Kopf: »Ja, das könnte man schon so sagen ... Na ja, ich habe dann auch etwas getrickst. Ich habe nämlich vor den Improvisationsübungen einfach einen Abend vorher die Stücke zu Hause komponiert und auswendig gelernt. Richtig improvisieren habe ich an der Hochschule weniger gelernt. Das kam eher im Laufe der Zeit, dass mit dem Spielen und Üben an der Orgel die Hände, Füße und das innere Ohr kundiger für das Improvisieren wurden. Wichtig war für mich dabei auch, einfach zuzuhören, wie andere improvisierten.«

Und dann spielt Martin eine wunderbare Improvisation zu dem Lied *Ich möchte, dass einer mit mir geht* – tänzerisch, hüpfend.

Nach dem Besuch bei Martin ging mir einiges zum Verhältnis von Improvisation und Regeln durch den Kopf. Im Folgenden eine erste Annäherung dazu:

Implizite Regeln wie zum Beispiel Sprachgrammatiken lassen sich zwar mit Worten, das heißt *explizit,* vermitteln. Für eine regelorientierte *spontane Hervorbringung*, sprich Improvisation einer Antwort oder auch einer längeren Rede, eignet sich aber nur das implizite Wissen um diese Regeln. Dies steht uns nicht-bewusst schneller und reibungsärmer zur Verfügung als das explizite Wissen zu der Grammatik. Daraus resultiert, dass wir in unseren spontanen Äußerungen zumindest den Basisregeln der Sprachgrammatik genügen. Meistens. Dies gilt für unsere Muttersprache, aber auch für andere Sprachen, die wir tagtäglich entweder »vor Ort« oder z. B. telefonisch hören und sprechen und die uns dabei »in Fleisch und Blut« übergehen. Das heißt, dass sich die grammatikalischen Regeln als explizites Wissen des Schulunterrichtes in implizites Wissen umgewandelt haben (*Internalisierung*, s. Kap. IV). Verfügen wir nur über ein explizites Wissen, werden wir vermutlich bei einem spontanen Satz zunächst mal ins Stottern geraten.

Die Sprachregeln selbst beschreiben das, was *ist* und was nur einem sehr langsamen Veränderungsprozess unterworfen ist. Als tagtäglich von allen Menschen angewendetes Wissen stoßen die Sprachregeln – auch implizit – auf breite Zustimmung. Wir akzeptieren die willkürliche Nichtbeachtung dieser Regeln in der Lyrik und Erzählprosa und schmunzeln, wenn Kleinkinder sich mit ihren Erzählgestaltungen diesen Regeln erst annähern. Intoleranz bei einer Abweichung von der Grammatik zeigt sich dann, wenn wir nicht-grammatikgetreue Satz- und Erzählgestaltungen ausländischer Mitbürger nachäffen oder darin unser Vorurteil bestätigt sehen. Diese Möglichkeit, als Erwachsener durch einen nicht-korrekten Regelgebrauch beschämt zu werden, mag Martin bei seinen Improvisationsübungen an der Hochschule geahnt haben. Die musikalische Grammatik weist durchaus Ähnlichkeiten mit der Sprachgrammatik auf: Sie beschreibt zunächst das, was ist und was dann auch nur relativ langsam allgemein akzeptierte Veränderungen zulässt.

Im Unterschied zur Sprache beziehungsweise zu deren grammatikgebundener Ausgestaltung ergibt sich der *Sinn* der Tonfolgegestaltung aber erst sekundär durch deren Klangwirkung bei dem Zuhörer. Mit anderen Worten: Der Sinn ergibt sich erst unter gleichzeitiger Berücksichtigung ästhetischer Kategorien. Über Sprache hingegen kann Sinn mit Sätzen, die den grammatikalischen Regeln genügen, auch dann transportiert werden, wenn die Sätze selbst unästhetisch-platt oder kunstlos sind. Noch kürzer: Für kunstlose Sprachimprovisationen – außerhalb der schönen Literatur – werden wir nicht ausgelacht, wenn sie den grammatikalischen Regeln genügen. Bei einer kunstlosen Klangimprovisation allerdings musste Martin trotz Regelbefolgung schon befürchten, wenn nicht ausgelacht zu werden, dann doch zumindest eine anderweitige Entwertung in Form einer schlechten Benotung zu erfahren. Was seine Dozenten leider nicht wussten, war, dass bei Satz- wie bei Tonimprovisationen das implizite Regelwissen erst in einem langen Prozess des Hörens und Sprechens beziehungsweise Tongestaltens erworben wird. Dieser geht umso besser vonstatten, je entspannter wir dabei sind. Und es muss auch innerlich die Freiheit vorhanden sein, diese Regeln übertreten und auch verändern zu dürfen. Denn das, was die Regeln abbilden, ist ebenfalls einem Änderungsprozess unterworfen. Sonst gäbe es kein Hölderlin-Gedicht, keinen Jazz, keine SMS-Verständigung oder auch nicht das »improvisierte« Bild eines Grundschülers.

Ein anderes Verhältnis von Improvisation und Regeln ist da gegeben, wo Improvisationen in der Begegnung mit Menschen einfach notwendig sind, diese Improvisationen aber über ein willkürliches Regelwerk quasi verboten werden – wie zum Beispiel immer häufiger in der Versorgung von Patienten oder im Schulunterricht. Damit werden wir uns in den folgenden Kapiteln beschäftigen. Zuvor soll jedoch noch einmal das explizite Wissen in Unterscheidung zum impliziten Wissen beziehungsweise das Verhältnis der beiden Wissensweisen zueinander dargestellt werden.

Kapitel IV
Augenblicke der Begegnung

»Einen ›Moment‹ begreifen wir als eine kürzere subjektive Zeiteinheit, in der etwas Bedeutsames sich ereignet, das tiefgreifende Auswirkungen haben kann. Diese Augenblicke nennen wir ›now moments‹. (...) In einem gewissen Sinne sind es nichtlineare Sprünge im Prozess einer Therapiesitzung. Dieses vorläufige Konzept von wichtigen Augenblicken, genannt ›moments‹, fanden wir intuitiv nützlich für Kliniker und ebenso für unsere Arbeitsgruppe wie auch für die Beschreibung von Mutter-Kind-Interaktionen.«

Daniel Stern (2001)

Wenn ein Kleinkind wie Jörg mit seinen Eltern, Großeltern oder seiner Tagesmutter spielt, ereignen sich tagtäglich viele Wiederholungen. Diese geben die Grundlage für ein *implizites Beziehungswissen* ab: Spielregeln werden verinnerlicht, zugleich auch Vertrauen und Sicherheit im Hinblick auf die *Bindung* selbst. Im Verständnis von Daniel Stern gehören diese Wiederholungen zum *moving along*, dem *Weiter-so* im Vorangehen beim vertrauten Spiel. Aus dieser *Bindungssicherheit* heraus entfalten sich Experimentier-, Variations- und Improvisationslust. Dabei kann etwas Kreatives herauskommen – oder auch nicht. Auf alle Fälle setzt die Abenteuerlust des Kindes voraus, dass alle am Spiel Beteiligten sich vermöge ihres impliziten Beziehungswissens darauf verständigen können, dass jetzt *gespielt* wird. Ebenso gehört es zum impliziten Beziehungswissen, wie Störungen und Missverständnisse zu meistern sind, das heißt Spielabbrüche vermieden werden können, wenn Kind und Bezugspersonen zunächst nicht wissen, worauf der jeweils andere denn hinaus will. Hier ist die implizite Gewissheit gefragt, dass wir uns in unserem *moving along* schon wieder einander annähern werden. Improvisation ist alles!

Im *moving along* des kindlichen Spielens entfaltet sich auch ein *Zugehörigkeitsgefühl*, das sich nicht nur auf eine Hauptbezugsperson beschränkt, sondern sich auch auf eine Großfamilie einschließlich der Großeltern und weiterer Angehöriger erstrecken kann. Das Zugehörigkeitsgefühl entsteht aus der spielerisch-dialogischen *Intersubjektivität* heraus. Es bewegt sich zwischen den Polen Einsamkeit und Verschmelzung bis zum Identitätsverlust. In seiner »gesunden« Bandbreite ermöglicht das Zugehörigkeitsgefühl Intimität, Einfühlungsvermögen und eine Gruppenzugehörigkeit, die die personale Identität und Verschiedenheit der einzelnen Mitglieder nicht einschmilzt. Intersubjektivität bezieht sich auf zwei sich begegnende *aktive* Subjekte. Dies in Unterscheidung zu der Situation, in der die Mutter *sorgt* und das Kind versorgt *wird* – unbeschadet dessen, dass ein Kind, das gerade gewickelt *wird*, aktiv Signale aussenden kann, wie es das Wickeln am liebsten oder momentan auch gar nicht mag.

Daniel Stern unterscheidet zwischen *Bindung* und einem aus Intersubjektivität erwachsenen *Zugehörigkeitsgefühl.* Autistische Kinder zum Beispiel können sich an ihre Eltern gebunden zeigen, weisen aber dennoch eine deutlich eingeschränkte Intersubjektivität auf. Ein Mitarbeiter kann sich, wenn er sich des Morgens auf den Weg zu seinem Betrieb macht, an diesen gebunden fühlen, dennoch kann er in der Belegschaft einen Außenseiter abgeben. Das kann sogar für den Chef gelten.

Das intersubjektive System erstreckt sich, wie schon erwähnt, zwischen Einsamkeit und Dazugehörigkeit; das System Bindung zwischen Nähe und Sicherheit einerseits sowie Erkundung und räumlicher Distanz andererseits – ganz wie in dem Lied vom Hänschen klein.

Unbeschadet dieser Unterscheidung ist das *moving along* des spielerischen Miteinanders sowohl für die Entfaltung einer sicheren Bindung als auch für eine lebendige Intersubjektivität hochbedeutsam. In einer Familie kann sich ein »faszinierendes dreispuriges und auf eine triadische Intersubjektivität verweisendes Wechselspiel entwickeln, wenn ein drei bis sechs Monate altes Baby, seine Mutter und sein Vater so zusammensitzen, dass sie ein Dreieck bilden. Während alle drei miteinander spielen, wird sich das Baby abwechselnd an beide Eltern richten und mal der Mutter, mal dem Vater Affektsignale senden, so, als wolle es seine Lust und sein Interesse oder auch seine Frustration mit beiden teilen. Wenn es mit dem Vater spielt und etwas Aufregendes und Lustvolles zwischen ihnen geschieht, wird es sich mit hoher Wahrscheinlichkeit der Mutter zuwenden und sie anschauen, als wolle es sagen: ›Hast du das gesehen?!‹ Besonders interessant ist die Beobachtung, dass sich das Kind, sobald etwas Unerwartetes oder Befremdliches zwischen ihm und einem Elternteil geschieht, gewöhnlich dem anderen Elternteil zuwenden und ihn anschauen wird, als wolle es fragen: ›Wie soll ich das verstehen?‹ Möglicherweise beobachten wir hier eine frühe Form der sozialen Rückversicherung.«[1]

Im Verlaufe eines spielerischen *moving along* kann sich das Geschehen plötzlich und unvorhersehbar verdichten. Es entbindet sich »ein ›heißer‹ gegenwärtiger Moment, eine Art ›Augenblick der Wahrheit‹, der affektiv hochbesetzt ist. Er hat auch eine mögliche Bedeutung für die unmittelbare oder mittelbare Zukunft. In der griechischen Antike wurde dafür der Ausdruck ›Kairos‹ geprägt. Es ist ein Moment, der ergriffen sein will, wenn man sein Schicksal ändern will. Falls er nicht ergriffen wird, ändert sich sein Schicksal ebenso, nämlich dafür, dass er nicht erkannt wurde. Es handelt sich um einen Moment, der beide Teilnehmer einer Interaktion voll in die Gegenwart holt (...) Aus vielfältigen Gründen haben wir den Moment einen ›now moment‹ genannt.«[2]

Als Beispiel für einen *now moment* wurde im Kap. II das Flötenspiel des kleinen Jörg beschrieben. Aus diesem *now moment* konnte ein *moment of meeting* werden, das heißt ein Augenblick der Begegnung. Damit diese Begegnung als gemeinsame Gefühlsreise zustande kam, waren sowohl die Experimentier- und Improvisationslust des kleinen Jörg notwendig als auch die intuitive Erkenntnis der Anwesenden, dass nach dem vorausgegangenen großväterlichen Konzert aus dem *moving along* heraus jetzt etwas Wesentliches von Jörg ausprobiert wird. Hätten die Erwachsenen aber darauf bestanden, dass Jörg jetzt seine Kugelbahn beiseitestellen und ins Bett gehen soll, wäre der *now moment* nicht erkannt worden und ein *moment of meeting* mit der daraus entstehenden gemeinsamen Freude hätte sich nicht entfalten können. (Aber dafür wäre dann die pädagogische Richtlinie, dass der kleine Jörg spätestens um 20.15 Uhr ins Bett zu gehen hat, befolgt worden ...)

Die Augenblicke der Begegnung, die Daniel Stern für die Einzeltherapien von Erwachsenen und das Spielen der Kinder mit ihren Bezugspersonen beschrieben hat, können sich auch noch in anderen Situationen ereignen, in denen ähnliche implizite Regeln eines Beziehungsgeschehens gelten: in schöpferisch-gestalterischen Gruppenprozessen, in der Therapie, aber auch im Kindergarten und im Grundschulunterricht, in der

Begegnung einer Familie beim Abendessen oder im partnerschaftlichen Gespräch ...

In Gruppensituationen ist das *moving along* durch die Vielzahl der Interaktionsimpulse stark verdichtet, viele *now moments* werden verpasst. Wenn sich aber einer dieser *now moments* zu einem Augenblick der Begegnung entfalten kann, kann dies für mehrere Teilnehmer zugleich ein starkes Erlebnis werden.

Grundlage hierfür ist die Fähigkeit aller Beteiligten, den oder die Mitwirkenden sich nach ihren jeweiligen Möglichkeiten entfalten zu lassen, diese dabei wohlwollend wahrzunehmen sowie deren Impulse aufzugreifen und mit den eigenen Impulsen in eine spielerische Balance zu bringen. Ebenso gilt es, Momente der Unentschiedenheit, Unvollkommenheit und des Missverstehens auszuhalten, ohne das Spiel abzubrechen, dabei trotz der »Fehltritte« auf die improvisatorischen Kräfte zu vertrauen, die eine Wiederannäherung ermöglichen.

Die verdichtete Intersubjektivität eines Gruppenprozesses mit vielfältigen Möglichkeiten, Augenblicke der Begegnung entstehen zu lassen, zeigt sich insbesondere in der schöpferischen Projektarbeit – in der Schule, der Klinik, dem Betrieb und auch in der Nachbarschaft.

Und nun, was wie ein kleines Wunder anmuten mag: Momente der Begegnung können immer wieder auch aus Prozessen, denen ein implizites Beziehungswissen zugrunde liegt, in Situationen hineingetragen werden, in denen durchaus explizit zielgerichtet-zweckmäßig etwas verhandelt und durchdacht wird. Dies setzt allerdings ein Mindestmaß an Bindung und Intersubjektivität voraus. So hat sich das therapeutische Team unserer Psychosomatischen Abteilung des Christlichen Krankenhauses Quakenbrück immer wieder in kreativen Aktivitäten auf Beziehungsprozesse eingelassen, die nur mit einem spielorientierten impliziten Beziehungswissen gelingen konnten: Sei es die Teilnahme an tanz- und gestaltungstherapeutischen Aktionen, seien es die Rezeptionen von bildnerischen Produktionen in Ausstellungen sowie die Entwicklung und Förderung *szenisch-dialogischer Interaktion*.[3] Letztere meint ein Ensemble spielerischer Miniaturen wie Stegreifspiele und choreografische Bewegungsabläufe aus der Theaterpädagogik, an dem unsere Patienten unglaubliche Freude haben. In der weiteren Folge blitzten im Team immer Begegnungsmomente auf, wenn es etwas zu *entwerfen* galt: Therapiekonzepte, Berichte, Weiterbildungskonzepte, ...

Dass dies möglich ist, erscheint gar nicht so verwunderlich, wenn man sich vergegenwärtigt, dass alle Entwürfe, die sich auf die Conditio humana beziehen – so wie der Entwurf eines Hauses –, eben nicht nur explizite Rationalität voraussetzen, sondern auch implizites Beziehungswissen.

Kapitel V
»Words ...«

explizit (lat. explicare: auseinanderlegen, entfalten, erklären)
ausführlich dargestellt, erklärt

»Words don't come easy.
This is just a simple song
how can I find a way, to make you see:
I love you?«

F. R. David (1987)

»Wenn Erfahrung in Worte gefasst wird,
geht etwas verloren und wird etwas gewonnen. Verloren gehen Ganzheit, gefühlte Wahrheit, Reichtum und Aufrichtigkeit.«

Daniel Stern (2005)

Wie fast alle kleinen Kinder erzählt Jörg unglaublich gern Geschichten. Jeden Tag gibt es Neues und Erstaunliches, Schönes und Schmerzliches zu erleben, das in seinen kleinen Geschichten für aufmerksame Zuhörer thematisiert wird.

Dass kleinere oder größere Ereignisse zum Geschichtenerzählen stimulieren, gilt auch für Erwachsene, wie jeder Büro- oder Nachbarschaftsklatsch zeigt. Nur kontrollieren und filtern die Erwachsenen ihre Geschichten viel mehr als kleine Kinder. Oder sie bauschen diese manchmal wie ältere Kinder gewaltig auf.

Kleine Kinder können schon vor dem Spracherwerb Erlebnisse als »gelebte Geschichten innerlich formatieren«.[1] Ob die gestischen Anstrengungen, den Schnuller zu erlangen, fruchteten oder nicht, wird als kleine, wortlose Geschichte innerlich aufbewahrt und so auch implizit für darauf folgende Beziehungs- und Handlungsmuster bedeutsam. Wenn dann mit dem zweiten Lebensjahr Vergangenheit, Gegenwart und Zukunft in ihrer Bedeutung für die sprachliche Verständigung erfasst sind, kann das Kind explizit mit zunehmendem Wortschatz kleine Erzählungen komponieren. Und dann geht es richtig los ...!

Die gefühlshaft bedeutsamen kleineren und größeren Ereignisse aus unserem Leben werden mit dem vierten oder fünften Lebensjahr im *biografischen Gedächtnis* als bewusst erinnerbares und aussprechbares Wissen zu unserer *Lebensgeschichte* verflochten. Dieses *autobiografische explizite Wissen* ermöglicht unsere Identitätsbildung. Es ermöglicht Antworten auf die Frage: Wer bin ich?

Wenn Kinder erzählen, was sie er-lebt haben, dann können wir sehr deutlich spüren, wie viel an bedeutsamen Tageserfahrungen implizit mit der wörtlichen Darstellung (Explikation) verwoben ist: Gestik, Mimik, Körperhaltung, Satzmelodie, Wiederholungen, Stottern, Seufzer, Kichern, Schluchzer, ... vermitteln etwas von der *Leibhaftigkeit* der kindlichen Welterfahrung. Darauf, dass das kindliche Ich vorwiegend ein körperliches Ich ist, verwies schon Sigmund Freud.

Bei dieser Intensität, mit der Erzählungen des Kindes auf die Eltern einwirken und dann in ihnen selbst – wenn sie denn aufmerksam zuhören können – sehr lebendige innere Bilder entstehen lassen, verwundert es nicht, dass die Eltern in der Begegnung mit ihren Kindern eigene implizite und explizite Kindheitserfahrungen reaktualisieren. Gute und schlechte. So können sich bei den Eltern auf einmal situativ Empfindlichkeiten zeigen, die für sie selbst nur schwer in Worte zu fassen sind. Dies gilt nicht nur für die Mütter, sondern auch für die Väter, die sich manchmal stark angestrengt fühlen, wenn sie mit den Kindern singen, spielen oder ihnen beim Anziehen helfen wollen. Häufig meiden die Väter dann ihre Kinder, bis sie mit diesen motorisch expansiver etwas unternehmen können, z. B. bolzen, schwimmen, Fahrrad fahren.

Nun, auch das ist nicht schlecht, sofern nicht nur Tore, Geschwindigkeit und Kilometer zählen. Denn was besonders die Väter in der dialogisch-spielerischen Begegnung mit ihren Kindern zurückgewinnen könnten, wären geduldiges Zuhören, die Freude am spielerischen Prozess selbst, ohne dass sich sofort ein »bedeutsames« Ergebnis zeigen muss. Bedeutsam ist der Augenblick des Erlebens selbst, der des Betrachtens und Verweilens beim Tun. Eben diese gelebten Augenblicke sind die Grundlage von Zufriedenheit und damit zugleich eine entscheidende Ressource gegen Frustrationen, Depressionen, Sucht, Bluthochdruck usw. ...

Aber schon immer früher hören wir und dies immer öfter: Das und das musst du tun, damit du das und das erreichst ...

Richtlinien und Leistungsstandards schon für den Kindergarten?

Gerne denke ich in diesem Zusammenhang an Schwester Sophie, die jahrzehntelang den Quakenbrücker Kindergarten St. Marien leitete. Wenn aufgeregte Eltern sie fragten, wann es denn nun endlich einen Französischkurs für die Kindergartenkinder gebe, dann fragte sie freundlich zurück: »Haben Sie heute schon mit Ihrem Kind mal gesungen oder getanzt, ihm zugehört oder selbst eine Geschichte erzählt?«

Wenn Kinder von ihren kleinen Episoden erzählen, ist dies für das autobiografische Wissen und die Identität des Kindes hochbedeutsam. Ebenso kann in diesem Augenblick ganz viel beim Zuhörer geschehen, sofern er sich darauf einlassen kann. Weniger Dynamik ist hingegen zunächst mit dem Erwerb des expliziten *semantischen* (bedeutungsmäßigen, griech.) *Wissens* verbunden, das nicht mit unserer persönlichen Erfahrung zu tun haben muss. Wir hören und lesen von Ereignissen, Geschichten, lernen Vokabeln, Fakten oder Gesetze und bekommen immer mehr bildhaft-medial vermittelt. Dieses kann aber auch anderenorts als in *unserem* Gedächtnis gespeichert werden, und zwar in unbegrenztem Umfange. Das machte früher den Reiz von Bibliotheken und macht heute den Reiz von Computern mit ihren Suchmaschinen aus.

Wenn der Erwerb dieses Wissens ohne Demütigungen auf sinnvolles Verstehen von Zusammenhängen hin angelegt ist, hilft es uns, die Welt für uns immer erklärbarer und zugänglicher werden zu lassen. Dann kann dieses Wissen für uns immer wieder auch *emotional* und damit lebensgeschichtlich bedeutsam werden. Und in solch einem Prozess kann sich auch eine eigene (*intrinsische*) Motivation entfalten, einen speziellen semantischen Wissensbestand zu erweitern. Letzteres kann sogar Spaß machen. So zum Beispiel dem Autor die von den Eltern vermittelte Lektüre von Seefahrtsgeschichten, in denen unter anderem die Funktechnik in ihren frühen Anfängen dargestellt wurde. Diese Geschichten ließen den Autor zum eifrigen Bastler werden und ihn später eine Pubertät lang Tage und Nächte mit Transformatoren, Kondensatoren, Röhren und der dazugehörigen Fachliteratur verbringen ... Semantisches Wissen wurde in das biografische Wissen eingeflochten: damals, ich als Radiobastler ... Allerdings – die Auswahl dieses Wissens erfolgt weitgehend auch intuitiv.

Das *explizite* Wissen umfasst also Gedächtnisinhalte, die bewusst erinnert und mit Worten mitgeteilt werden können. Unterteilt wird das explizite Wissen in:

- *semantisches Wissen* als lexikalisches Wissen, das nicht auf unserer persönlichen Erfahrung beruht, vielmehr uns irgendwann einmal mitgeteilt beziehungsweise von uns aus Fremdspeichern abgerufen worden ist. Zum Beispiel alles das, was ich über die Stadt Wien vor meinem ersten Besuch während der Zugfahrt im Reiseführer lese;
- *episodisches Wissen* als Vergegenwärtigung unserer *persönlichen* Erfahrungen, zum Beispiel die »selbst erlaufene« Orientierung in den Straßen Wiens und alles das, was wir beim Besuch des Hundertwasser-Hauses, der Oper, des Sigmund-Freud-Museums und so fort selbst erlebt und an persönlichen Eindrücken gewonnen haben (unterlagert ist dieses episodische Wissen freilich auch durch das zuvor oder danach erworbene semantische Wissen zu der Stadt Wien);
- *autobiografisches Wissen* als das Wissen um Ereignisse, die für unsere Lebensgeschichte bedeutsam sind und die von uns als *selbsterlebt* erinnert werden, wobei der *Vorgang* des Erinnerns gleichzeitig mit den erinnerten Inhalten vergegenwärtigt wird. Im autobiografischen Wissen werden Gegenwart, Vergangenheit und daraus abgeleitete Entwürfe auf die Zukunft zusammengebracht. Autobiografisches Wissen ist grundlegend für unser Selbstwertgefühl und Selbstbewusstsein sowie für unsere Identität.

Das explizite Wissen ist umfänglich begrenzt und steht uns kaum uneingeschränkt zur Verfügung, kann uns sogar unter emotionaler Anspannung wie zum Beispiel in Prüfungen weitgehend abhanden kommen (»Blackout«).

Kurios sind manchmal auch solche Situationen, in denen explizite (»Anstands«-)Regeln erlernt werden, die den impliziten Erwerb von Beziehungswissen ersetzen sollen. So, wie es in meiner Tanzstundenzeit noch üblich war, wenn wir in den ersten Tanzstunden genötigt wurden, mit unserer jeweiligen Tanzpartnerin über fünf Minuten eine artige Konversation zu führen. In solchen Situationen fiel mir dann meistens nichts Besseres ein als meine selbstgebastelte Zwei-Kanal-Verstärkeranlage – was sich trotz technischer Details als wenig geeignet erwies, mir mein Gegenüber geneigter zu machen.

Wie sich eine Beziehung gestaltet, versteht sich leichter aus einem impliziten Wissen heraus, was das explizite Wissen allerdings nicht überflüssig macht. So sollte es zu den impliziten Fähigkeiten eines jungen Arztes gehören, erkennen zu können, wann ein Klinikleitbild vom »Patienten als Kunden« nichts mehr taugt, weil wir in bestimmten Phasen unserer Krankheit eben nicht mehr als selbstbewusste Kunden auftreten können, sondern auf eine feinfühlige Wahrnehmung unserer Bedürfnisse durch ein Gegenüber angewiesen sind. Wenn aber das implizite Beziehungswissen um ein feinfühlig abgestimmtes Verhalten bei dem jungen Arzt nicht gegeben ist, kann es für diesen sehr hilfreich sein, wenn ihm dies ein erfahrener Kollege freundlich und explizit mit Worten und implizit durch sein eigenes Verhalten am Krankenbett vermittelt.

Die zunehmenden Diskussionen darüber, was wie in der Krankenbehandlung bezahlt werden soll, vermitteln dem Arzt oder der Ärztin jedoch auch implizit, es gehe hier vorrangig um wirtschaftliche Fragen. Dies geht dann mit der gleichfalls zunehmenden Tendenz einher, ärztliches Handeln auf eine Dienstleistung zu reduzieren. Letztere könne vom Patienten als Kunden wie jede andere Dienstleistung, zum Beispiel die einer Gebäudereinigung, eingekauft werden. Das mag vielleicht dann eine emanzipatorische Wirkung entfalten, wenn der Patient selbstbewusster mit seinem Gegenüber umgehen kann. Andererseits hat die immer heftigere Diskussion um die Bezahlbarkeit der ärztlichen »Dienstleistung« zu einer Horizonteinengung geführt: Kostensenkende Effizienzsteigerung sei eben nur eine Frage des Wettbewerbs und der Patient als Kunde[2] könne mit darüber entscheiden, wer aus diesem Wettbewerb als Sieger hervorgehe, konkret: welches Krankenhaus zum Beispiel bestehen bleibt oder untergehen muss. Was darüber in der expliziten Planung vergessen wird, ist aber die Tatsache, dass Krankenbehandlung mehr ist als nur eine Dienstleistung, sondern *Begegnung* mit einem hilfsbedürftigen Menschen. Und wenn Letztere fehlt, verschlechtern sich über den Stress, den der Patient dabei erlebt, die Behandlungsergebnisse und die Behandlung wird am Ende wieder teurer.

Autobiografisches Wissen – das Wissen um die Lebensgeschichte

Wenn wir *autobiografisches Wissen* vergegenwärtigen, sind wir uns stets sicher, dass wir die dazugehörigen Erfahrungen selber gemacht haben, dass es eigene Erlebnisse sind, deren wir uns erinnern, und wir diese nicht aus den Erzählungen anderer – zum Beispiel der Eltern – wissen.[3] Wir können vermöge unseres expliziten autobiografischen Wissens anderen und uns selbst erzählen, wer wir sind beziehungsweise für wen wir uns halten und wie die Stadien unseres bisherigen Lebensweges aussahen und welchen Entwurf wir uns daraus für unsere eigene Zukunft machen.

Von einigen Autoren wird zwischen episodischem Wissen und biografischem Wissen nicht scharf getrennt. Möglicherweise, weil Biografie von ihnen als eine Abfolge von Episoden verstanden wird. Allerdings: Episodisches – das heißt durch persönliche Erfahrung erworbenes – Wissen können schon Zweijährige haben. Das erinnerbare biografische Wissen geht jedoch gewöhnlich nur bis zum vierten Lebensjahr zurück.

Klar unterschieden hingegen wird allgemein zwischen semantischem Wissen einerseits und episodischem/biografischem Wissen andererseits. Es gibt dafür sogar unterschiedliche »Funktionsorte« im Gehirn. Diese können seit Ende des vergangenen Jahrhunderts mit sogenannten funktionellen bildgebenden Verfahren nachgewiesen werden, aber auch durch die klinische Erfahrung.

Im Jahre 1985 veröffentlichte der Kanadier *Endel Tulving* eine dramatische Krankengeschichte: Ein Patient von ihm hatte einen Motorradunfall und in dessen Folge schwere Hirnverletzungen erlitten. Danach konnte er sich an kein einziges persönliches Erlebnis erinnern. Aber er verfügte nach wie vor über ein Faktenwissen aus der Zeit vor dem Unfall. Allerdings: ein unpersönliches Wissen. Sein Wissen um seine Lebensgeschichte und damit um seine Identität war verloren gegangen.

Umberto Eco hat die Tragik eines solchen Unfalltraumas und Versuche, die eigene Identität, das heißt das biografische Gedächtnis, zu rekonstruieren, zu einem brillanten Roman verwoben. In *Die geheimnisvolle Flamme der Königin Loana* lässt er den Antiquar Bodoni zunächst nach der Lektüre seiner Kinder- und Jugendjahre fahnden, um einen ersten Anhalt für sein biografisches Wissen zu finden. Bücher haben für ihn, den Antiquar, selbstverständlich eine besondere episodische wie auch biografische Bedeutung. Mehr aber noch seine – jetzt im doppelten Sinne – unerreichbare Jugendliebe Lila Saba ...

Ein funktioneller eigener Ort für das biografische Wissen etabliert sich im Gehirn vermutlich erst nach dem sechsten Lebensjahr, das heißt mit Schuleintritt. Dieses Areal wird in den funktionellen bildgebenden Verfahren beim Abruf von Faktenwissen *nicht* aktiviert. Allerdings verschwindet diese klare Unterscheidbarkeit wieder bei Untersuchungen mit Sechzehnjährigen. Vermutlich, weil in diesem Lebensalter der Erwerb von Faktenwissen biografisch bedeutsam wird: Was kann ich mit diesem Wissen anfangen, was interessiert mich, was interessiert mich nicht, was von diesem Wissen ist für meine Zukunft bedeutsam, was nicht? Solche biografisch begründete Identität kann sich übrigens dann als sehr brüchig erweisen, wenn sich episodisches/biografisches Wissen vorwiegend aus *virtuellen Events* speist und zugleich semantisches Wissen – welcher Couleur auch immer – sich sintflutartig aus dem Internet über das episodische/biografische Wissen ergießt.

An die Bilder, die allgemein unser explizites biografisches Wissen begleiten, heftet sich *auch* das nicht-bewusste implizite Wissen. Es verleiht unseren inneren Bildern eine besondere Dynamik und Gegenwartsnähe, wenn es sich nicht nur aus virtuellen, sondern vor allem aus affektusensumotorisch reichhaltigen und bedeutsamen Quellen speist. Ein solches implizites Wissen kann sich noch bis zum Alter hin als robust und weniger störanfällig erweisen – und hilft dem expliziten Wissen auf die Sprünge. Insbesondere sei an das implizite Beziehungswissen erinnert, das als Aktivator für die explizite biografische Gedächtnisarbeit verwendet werden kann. Auch für das biografische Gedächtnis gilt: *Use it or lose it*, das heißt: Gebrauche oder verliere es.

Bei über Sechzigjährigen zeigt sich, dass Erinnerungen an ihre Erlebnisse im jungen Erwachsenenalter neuronale Netzwerke stark aktivieren. Deutlich geringer fällt hingegen die Aktivierung aus, wenn nur die letzten zwei Jahre erinnert werden. Von daher ist es plausibel, dass die Begegnung mit den Enkelkindern für die Lebensqualität einschließlich Gedächtnis im Alter so wichtig ist: Die emotional bedeutsamen Phasen der eigenen Biografie verdoppeln sich und erstrecken sich so in die Gegenwart. Und damit auch in die jüngsten, sonst eher erinnerungsschwachen Lebensjahre, wenn in dieser Zeit eine Begegnung mit den Enkelkindern stattfand.

Natürlich kann man auch eine kreative Gedächtnisaktivierung – im Sinne einer Verdopplung emotional bedeutsamer Ereignisse in die Gegenwart hinein – für Menschen entdecken, die keine Enkel haben: Tanz- und Singnachmittage, Mehrgenerationenhäuser, Mal-, Musik- und Lesepatenschaften, Babysitterdienste, ...

Kapitel VI
Die Fährleute zwischen den Ufern

»Es war, als stände ich an der Schwelle des Begreifens,
ohne jedoch die Kraft zu haben –
wie sich ja Menschen zuzeiten am Gestade der Erinnerung finden,
ohne letztlich dieser Erinnerung fähig zu sein.«

Edgar Allan Poe

Explizites und implizites Wissen werden zumeist gleichzeitig aktiviert. Dabei fällt es uns schwer, das implizite Wissen anderen (und auch uns selbst) mit Worten zu vermitteln, das heißt explizit zu machen. Wir reden dann oft buchstäblich mit Händen und Füßen, verwenden Bilder oder sind auch auf die Wahrnehmungen eines Gegenübers angewiesen.

Die Japaner *Nonaka* und *Takeuchi* (1995) bezeichnen den Schritt vom impliziten zum expliziten Wissen als *Externalisierung*. Dieser Schritt hat für sie eine sehr große Bedeutung, weil im japanischen Firmenmanagement bei der Entwicklung von innovativen Produkten nicht nur die expliziten Konzepte der Ingenieure, sondern auch das implizite Wissen der Mitarbeiter aus deren alltäglicher Praxis geschätzt werden. Dies, so beide Wissenschaftler, stünde durchaus im Unterschied zu westlichen Entwicklungskonzepten. Das Problem bestehe nur darin, eben dieses implizite Wissen explizit verfügbar zu machen. Sie zeigen die Bedeutung des impliziten Wissens und die Probleme, dieses explizit zu machen, an einem Beispiel aus der Praxis der Firma *Matsushita* in Osaka auf. Diese Firma stellt vielfältige Küchengeräte her. Die beiden Autoren berichten hierzu Folgendes:

»Ein zentrales Problem in der Entwicklung eines Brotautomaten in den späten Achtzigerjahren war die Mechanisierung des Teigknetens. Der Knetprozess gehört zum impliziten Wissensvorrat von Bäckermeistern, und so verglich man anhand von Röntgenaufnahmen den gekneteten Teig eines Bäckers mit dem eines Automaten, ohne zu irgendwelchen Erkenntnissen zu gelangen. *Ikuko Tanaka*, die Leiterin der Abteilung Softwareentwicklung, wusste, dass es das beste Brot der Gegend im Osaka International Hotel gab. Um sich das implizite Wissen über den Knetvorgang anzueignen, gingen sie und mehrere Ingenieure beim Chefbäcker des Hotels in die Lehre. Es war nicht leicht, sein Geheimnis zu ergründen. Eines Tages bemerkte sie jedoch, dass der Bäcker den Teig nicht nur dehnte, sondern auch drehte. Durch Beobachtung, Nachahmung und Praxis hatte Ikuko Tanaka des Rätsels Lösung gefunden.«[1] Kritisiert wird in diesem Kontext unsere vorherrschende westliche Betrachtungsweise. Für diese gelte in wissenschaftlich-technischer Hinsicht nur das explizite Denken. Letzteres stellt nach Meinung der Autoren aber nur die Spitze des »Wissens-Eisberges« dar. Die Nichtbeachtung des nicht sofort Sichtbaren stelle eine ungeheure Verschwendung dar. Wenn aber das implizite Wissen geborgen werden könne, so würde allein schon damit das Wissen für innovative Produktentwicklung entscheidend vermehrt werden.

Die Frage ist nur, wie das Implizite in das Explizite herübergeholt werden kann. Auf alle Fälle geht es dabei nicht um eine einfache Übersetzung in dem Sinne, dass *Inhalte* von einem Ufer zum anderen gebracht werden, sondern hier müssen die *Fährleute selber* schon mit ans andere Ufer kommen – so, wie die Ingenieure zu dem Bäcker im Osaka International Hotel gingen.[2] Ein bemerkenswertes Ereignis! Unverhofft lässt hier in der Düsternis des normierten und normierenden industriellen Re-Produktionsprozesses das implizite Wissen die Achtung vor dem Subjekt mit seiner Lebensgeschichte wieder aufleuchten.[3] Auch wenn dieses Wissen dann wieder industriell weiterverwendet wird, ist es zumindest nicht ohne intensive Wahrnehmung und damit *Anerkennung des Subjektes* zu haben.

Allerdings wird es in unserem Land wohl noch etwas dauern, bis wir begriffen haben, dass gerade ältere Mitarbeiter eines jeden Betriebes über einen großen impliziten *Wissensschatz* verfügen können, den es wiederzuentdecken und einzusetzen gilt. Vorerst jedoch wird dieser Schatz verschleudert, indem in vielen Betrieben älteren Menschen die Mitarbeit so weit als möglich verleidet wird. Gerade das, was ein reichhaltiges und vielfältiges implizites Wissen erst ermöglicht, nämlich die gelebte Zeit in Form höheren Alters, wird bei uns als gering erachtet.

Wir sind hiermit wieder bei unserem scheinbar so simplen Eingangsbeispiel, nämlich dem Binden einer Schleife. Dieses Wissen erlangt man nicht, indem man in Richtlinien, Handbüchern oder Produktionsprogrammen nachliest, wie eine Schleife gebunden wird, sondern ganz einfach, indem man zuschaut und nachmacht. Ganz aktuell wird hier die altmodische Meister-Lehrling-Beziehung. Aber die Ingenieure, die als Produktionschefs zu dem Bäcker gingen, waren nicht die Meister, sondern die Lehrlinge!

Und noch ein Weiteres lässt sich zu dem Beispiel des Schleifenbindens sagen (dies auch im Hinblick auf die Fallskizze in Kap. XIII). Bedeutsam ist nicht nur, *was* wir lernen, um es als implizites Wissen uns anzueignen, sondern auch, *wie* wir das Schleifenbinden erlernen. Waren es geduldige, überwiegend liebevoll zugewandte Eltern, die es uns vermittelten, oder waren diese unter Zeitdruck und oft ungeduldig, gereizt, genervt und aggressiv? Eben dieses dann auch implizite Wissen als »Leidenswissen« wird handlungswirksam, wenn Kinder mit solchen Erfahrungen ihr *Was-ist-zu-tun-Wissen* an ihre eigenen Kinder weitergeben. Ihnen reißt dann sehr schnell nicht nur der Schnürsenkel, sondern auch der Geduldsfaden. Dies gilt grundsätzlich auch für Lehrer.[4] Deren implizite Erfahrungen beim Wissenserwerb bestimmen ebenso, wie sie selber späterhin ihr Wissen weitergeben. Für diese Implikationen gibt es aber keine Richtlinien.

Starke Gefühle können Erinnerungen fördern wie auch behindern

Bemerkenswert erscheint, dass von unserem expliziten Wissen insbesondere das leicht vergegenwärtigt werden kann, was mit lebhaften Gefühlen verknüpft ist: ein heißer Sommertag, Wanderung mit den Eltern, in der Ferne macht die kopfsteingepflasterte Straße eine Rechtskurve, danach die alten Eichen und ein verfallener Schafstall, dann die Gastwirtschaft mit schattigen Bäumen und Schaukel im Garten und – endlich – der gut gekühlte Apfelsaft aus Gläsern mit grünem Stiel, an denen außen Tautropfen abperlen ... Jedes Mal, wenn ich ein solches Glas in die Hand nehme, denke ich an diese Sonntagsausflüge. Oder: Wenn ich gelegentlich an einer bestimmten Straßenkreuzung vorbeikomme, fällt mir ein, wie vor Jahrzehnten ein dicker, statusträchtiger Pkw mir die Vorfahrt nahm und meinem – mit Freundes Hilfe liebevoll aus diversen Schrottteilen zusammengebastelten und gut gespachtelten – VW ein jähes Ende bereitete.

Wenn aber unsere Gefühlseindrücke nur negativ, dabei so deprimierend, so ängstigend und beschämend waren, dass wir sie mit unseren Möglichkeiten nicht bearbeiten konnten, dann werden sie aus unserem expliziten Gedächtnis verbannt. Insbesondere gilt dies für heftige negative Kindheitserlebnisse. Diese gefühlsbeladenen negativen Ereignisse sind dann im *psychodynamischen* Sinn abgewehrt, volkstümlich »*verdrängt*«, und als Erinnerungen willentlich nicht mehr aufrufbar, das heißt *unbewusst*. Dieses *dynamisch Unbewusste* ist von dem Nicht-Bewussten des impliziten Wissens zu unterscheiden. Das Verdrängte beziehungsweise dynamisch Unbewusste war einmal bewusst, ist dann aber in den »Keller des Unbewussten« hineingezwungen worden. So gesehen kommen dem Unbewussten gleich zwei Bedeutungen zu. Zum einen sind die verdrängten Inhalte gemeint, zum anderen der fiktive Ort, an den eben diese verbannt worden sind.

Die unbewusst gewordenen Inhalte haben aber die Tendenz, wieder in das Tageslicht des Bewusstseins gelangen zu wollen.[5] Das Abgewehrte zeigt sich dann in »verkleideter Form« in Träumen, Fehlleistungen oder körperlichen Symptomen. Angst, Scham, Schuldgefühle und heftiger Zorn, die mit dem eigenen Selbstbild unvereinbar erscheinen und deswegen verbannt werden mussten, können sich zum Beispiel in Form einer Darmsymptomatik mit häufigem Durchfall in unverdächtiger Weise bemerkbar machen. Es sei denn, wir achten gelegentlich auf unsere Sprache mit ihren Wendungen wie: sich beschissen fühlen oder auf etwas sch... . Ziel einer Therapie wäre dann die Befreiung des Abgewehrten aus dem Keller des Unbewussten, das heißt es dem autobiografischen Gedächtnis wieder zugänglich und damit verarbeitbar werden zu lassen.[6]

Bewusst – unbewusst versus bewusst – nicht-bewusst

Wenn wir heute von *Nicht-Bewusstem* sprechen, denken wir zumeist an das *Unbewusste* aus den psychoanalytischen Theoriesystemen. Letzteres meint aber *abgewehrte* – vorgängig auch bewusstseinsfähige – unangenehme Inhalte, die von denen des impliziten Nicht-Bewussten zu differenzieren sind. Von den abgewehrten und damit unbewussten Inhalten nochmals unterscheidbar, kann auch zunächst wortgebundenes Schulwissen tief verinnerlicht werden und als *vormalig* explizites Wissen in implizites nicht-bewusstes Wissen übergehen. So zum Beispiel eine mühevoll erlernte Sprachgrammatik. Das Wissen wird dabei jedoch nicht im eben beschriebenen Sinne verdrängt oder abgewehrt, sondern *automatisiert.* Diesen Vorgang kann man Nonaka und Takeuchi (1997) folgend *Internalisierung* nennen. Den umgekehrten Weg, die Überführung zunächst impliziten Wissens in wortvermitteltes explizites Wissen bezeichnen die Autoren als *Externalisierung.* Für die Externalisierung eignen sich insbesondere auch innere Bilder und sprachliche Metaphern – oder Gedichte.

Der Vorgang, bei dem implizites Wissen gleich als implizites Wissen weitergereicht wird, indem man jemanden begleitet und seinem Tun und Verhalten zuschaut, wird von den Autoren als *Sozialisation* bezeichnet. Auch wenn nach unserem Sprachverständnis der Begriff Sozialisation für weit mehr steht als für die genannte Vermittlung impliziten Wissens, so ist dieser Vorgang doch ein wichtiger *Bestandteil* der Sozialisation.

Im Jahre 1996 wurden die neurobiologischen »Agenten« dieses Aspektes von Sozialisation entdeckt. Gemeint sind die *Spiegelneurone* (siehe auch Kap. IX). Die Spiegelneurone finden wir zum Beispiel verstreut unter den *Handlungsneuronen* der *prämotorischen Hirnrinde.* Wie die Handlungsneurone organisieren die Spiegelneurone motorische Bewegungsabfolgen. Beispielsweise die der Finger beim Schleifebinden. Zusätzlich können die Spiegelneurone jedoch im Unterschied zu den »einfachen« Handlungsneuronen auch Vorlagen des visuellen Systems, das heißt Beobachtungen, *wie* zum Beispiel eine Schleife gebunden wird, übernehmen und für ihre eigenen Handlungsmuster verwenden. Kurz: Über das Zuschauen und dann das Selbermachen lernen erst unsere Spiegelneurone und dann wir selbst, eine Schleife zu binden.

Hier die eben dargestellten Zusammenhänge in ihren wichtigsten Aspekten für ganz Unerschrockene noch einmal schematisch dargestellt:[7]

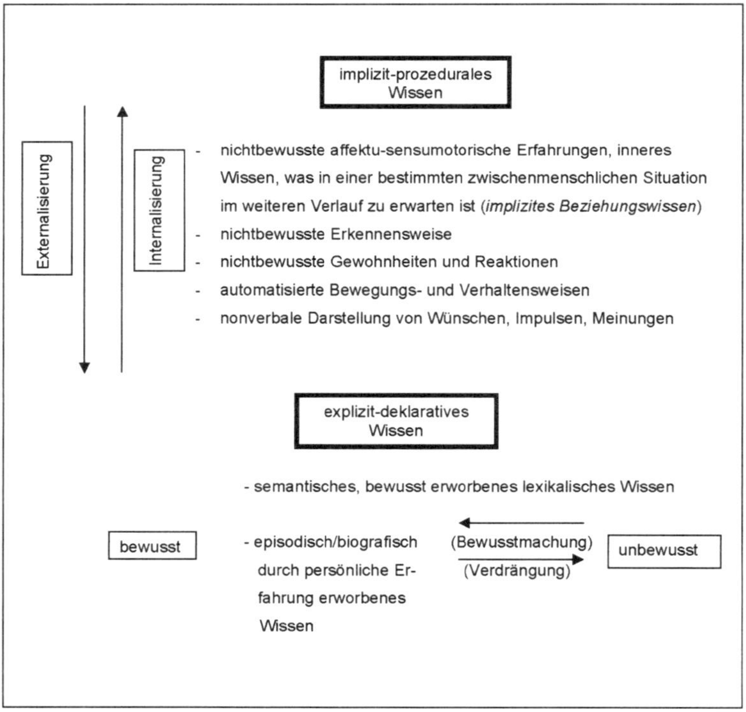

Arbeitsteilung

Wenn bislang implizites und explizites Wissen gelegentlich als jeweils getrennt dargestellt worden sind, so geschah dies, wie anfangs schon erwähnt, aus Gründen der Übersichtlichkeit. Grundsätzlich gilt festzuhalten, dass implizites Wissen und explizites Wissen meist ineinander verwoben sind und meist auch zeitgleich aktualisiert werden. So verwundert auch nicht das scheinbare Paradox, dass die Regeln, nach denen wir unsere Wörter zu Sätzen zusammenfügen – um explizites Wissen zu vermitteln –, zu unserem impliziten Wissen gehören. Auch dieses Wissen wird implizit prozedural erworben. Hingegen erlernen wir die Grammatikregeln einer Fremdsprache in der Schule zunächst explizit. Wir können jedoch über den Weg der Internalisierung bei einem häufigen Gebrauch der Sprache dieses zunächst explizite Wissen in implizites Wissen verwandeln.

Bewusst können wir nur einen sehr geringen Prozentsatz der eingehenden Informationen als explizites Wissen verarbeiten.[8] Es wird vermutet, dass die Informationsverarbeitungskapazität unseres Nicht-Bewussten »um den Faktor 100.000 bis 1.000.000 größer ist als die Informationskapazität des Bewusstseins«.[9]

Implizites Wissen wird schneller erworben und steht uns schneller zur Verfügung als explizites Wissen. Das Meiste, was zu unserem »Alltagsgeschäft« gehört, wird über das implizite Wissen geregelt. So spüren wir meistens sehr schnell, ob uns jemand freundlich gesonnen ist oder ob wir auf jemanden treffen, der innerlich mit vielen anderen Themen beschäftigt ist, so dass er für uns keine Zeit hat, auch wenn er uns dies nicht direkt sagt.

Der erfahrene Hausarzt, der oft seine Patienten schon über Jahre kennt, kann sehr oft innerhalb der ersten zehn Minuten auch ohne größeren technischen Aufwand erkennen, welchen diagnostisch-therapeutischen Weg er weiter beschreiten soll. Nicht umsonst nannte man das früher ärztliche Kunst. Auch der Feuerwehrmann *muss* ganz schnell wissen, was er angesichts eines brennenden Wohnhauses zu tun hat.

Insbesondere eigenes Handeln und das Beobachten führen primär zum Erwerb des impliziten Wissens. Aber auch explizites Wissen, wie zum Beispiel eine Sprachgrammatik, kann durch Übung und Automatisierung in implizites Wissen übergehen. Und das ist sehr beruhigend: Denn ein wortgebundener Erwerb expliziten Wissens kann zunächst überall da erforderlich werden, wo schnell verfügbares implizites Wissen noch nicht oder nicht mehr ausreicht. Die erfahrenen Feuerwehrmänner, die in einem neu errichteten Chemiewerk eingestellt werden, müssen sich sehr wohl mit dessen Konstruktion, Produktionsweise und den damit verbundenen Gefahren explizit beschäftigen. Und der junge Arzt, der den röchelnden Kranken entsprechend dem, was er zum »Wettbewerb« in der Medizin gehört hat, für so etwas wie einen »Kunden« hält, wird eines expliziten Hinweises bedürfen, dass dem nicht so ist. All dies kann sich, verbunden mit der täglichen Praxis, allmählich beim verfügbaren impliziten Wissen einfinden.

Faktensammeln, Neuorientierungen und kritische Reflexion gehen zwangsläufig mit wortgebundener Explikation einher. Ebenso bedarf es der Aktualisierung des expliziten Wissens beim Nachsinnen und Problemlösen. Allerdings wird hierbei auch – wie bereits an den Begriffen Intuition und Improvisation dargestellt – implizites Wissen in breitem Umfang gleichzeitig aktualisiert.

Die Aktualisierung von explizitem Wissen und die von implizitem Wissen gehen also oft Hand in Hand. Nur sollte der Tausendfüßler sich trotz impliziten Wissens hüten, explizit nachzuzählen, welchen Fuß er gerade jetzt bewegen sollte, denn dann dürfte er ziemlich schnell ins Stolpern geraten. Für das Laufen des Tausendfüßlers gibt es kein explizites Qualitätsmanagement.

Kapitel VII
An den inneren Wächtern vorbei – Spontaneität, Intuition, Experimentierlust und Authentizität

»Es scheint nicht gut und dem Schöpfungswerk der Seele auch nachteilig zu sein, wenn der Verstand die zuströmenden Ideen, gleichsam an den Toren schon, zu scharf mustert. Eine Idee kann, isoliert betrachtet, sehr unbeträchtlich und sehr abenteuerlich sein; aber vielleicht wird sie durch eine Idee, in einer gewissen Verbindung mit anderen, die vielleicht ebenso abgeschmackt scheinen, ein sehr zweckmäßiges Glied abgeben: Alles das kann der Verstand nicht beurteilen, wenn er sie nicht so lange festhält, bis er sie in Verbindung mit diesen anderen angeschaut hat. Bei einem schöpferischen Kopfe hingegen, deucht mir, hat der Verstand seine Wache von den Toren zurückgezogen, die Ideen stürzen Hals über Kopf herein und alsdann übersieht und mustert er den großen Haufen. Deine Klagen über Unfruchtbarkeit entstehen, wenn du zu früh und zu strenge sondierst.«

Friedrich Schiller in einem Brief an seinen Freund, den Literaturkritiker Christian Gottfried Körner

Die Kinder eines ersten Schuljahres erzählen von ihren Erfahrungen mit Katzen. Jeder weiß etwas zu erzählen. Die Lehrerin hört den Kindern aufmerksam zu, und die Kinder können untereinander ebenfalls gut zuhören. Sie wissen implizit, wie gut es tut, einander zuzuhören.[1] Mit jeder Wortmeldung zeigen sich bei allen Zuhörenden auf der »inneren Leinwand« die ver-

schiedensten Aspekte einer Katze. Es entsteht bei diesem Gespräch eine intensive Gegenwartsnähe all dessen, was mit einer Katze zu tun hat. Denn diese inneren Bilder sind mit den impliziten affektusensomotorischen Erfahrungen sowie den expliziten persönlichen (*episodischen*) Begegnungen der Kinder mit Katzen verknüpft. Und das sieht man den Bildern, die die Kinder dann malen, auch an. Viele unterschiedliche ausdrucksstarke Katzen – und auch das Gesamtensemble wirkt ungemein lebendig.
Den *Zauber ihrer Authentizität*[2] können Kinder nicht nur erzählend, singend und tanzend vermitteln, sondern auch über das bildnerische Gestalten. Jenseits von expliziten Bedeutungen ist es »für eine unserer wichtigsten Fragen relevant: Wie vermitteln wir anderen Menschen, was wir fühlen und wie es sich anfühlt, wir zu sein?«.[3]

Authentizität ist hier durchaus wortgetreu im Hinblick auf die *Urheberschaft* (griech. authéntes: Urheber) zu verstehen. Es geht um meinen *eigenen* Ausdruck, mit dem ich wahrgenommen und angenommen werden möchte. Das Eigene, den Sinn mit meinem »Copyright«, das heißt meinen Eigen-Sinn, vermitteln zu können ist auch weitgehend mit dem Konzept vom *wahren Selbst* identisch. Seine Entfaltung kommt ohne Nötigung aus. Im Gegensatz hierzu steht das falsche Selbst, dessen Biografie Nötigungen aufweist.[4]

Nötigung kennt keine Freiheit, sondern nur ein »Du musst!«. Auf welchem Wege auch immer dieses durchgesetzt wird. *Spielregeln* hingegen sollten die dem Spiel innewohnende Freiheit garantieren. Keiner soll durch den jeweils anderen im Zusammenspiel genötigt werden. Damit garantieren Spielregeln als notwendige Rahmenbedingungen die freie Entfaltung der Mitspieler im Sinne eines *Fairplay*: sich nach seinen eigenen Möglichkeiten entfalten können, das hervorbringen (produzieren), was jeweils dem Eigen-Sinn entspricht. Nötigung hingegen kennt nur die Re-Produktion nach einem vorgegebenen Zweck. Die Fantasie, die zur Zeit der Aufklärung noch *produktive Einbildungskraft* hieß, stirbt hierüber ab. Und mit ihr sterben intrinsische Motivation, Lebensfreude und Gesundheit.

In dem Kunstunterricht aber, den wir hier vor Augen haben, gab es keine Nötigung.

Indem eine Geschichte – in unserem Fall zu einer Katze – erzählt, vorgelesen oder als ein Lied gesungen wird (»Unsere Katz heißt Mohrle«) oder die Kinder sich mit Katzenbildern anderer Maler (z. B. von Pablo Picasso oder Franz Marc) auseinandersetzen, entstehen zunächst Katzenbilder auf den »inneren Leinwänden« der Kinder. Das gleichzeitig aktualisierte implizite und explizite Wissen verknüpft sich mit diesen Bildern. Hierüber setzt sich eine innere kraftvolle »Realisierungsbewegung« frei. Diese zeigt sich als Lust, das heißt als *intrinsische Motivation*, das Malen gleich auszuprobieren. Dieser spontane Gestaltungswunsch speist sich also aus den eigenen impliziten und explizit-episodischen Vorerfahrungen, die in diesem Augenblick des Unterrichtes aktualisiert werden.

Wie das Ganze nun in Gang kommt, hat auch mit dem *impliziten Beziehungswissen* der Lehrerin zu tun. Indem diese ihre eigenen »Wächter an den Toren« zurückstellt, kann das gelten, was die Kinder gemeinsam hervorbringen. Gleichzeitig werden die Kinder ermutigt, auch ihre inneren Wächter zu entmächtigen: »Probiert mal aus, die Katze so groß wie möglich zu malen, nehmt das ganze Blatt dafür ..., lasst euch Zeit, es kommt nicht auf Schnelligkeit an ...«

Nach 30 bis 40 Minuten werden die zumeist erst halbfertigen Bilder je in Fünfergruppen an der Tafel aufgehängt. Jedes Bild wird dann einzeln explizit besprochen: »Wie willst du weitermachen? Was soll noch betont oder abgewandelt werden? Hast du Lust, mal das oder das auszuprobieren? Warum nicht mal die Katze die Zähne zeigen lassen? Oder die Katze mit einer Maus zwischen den Zähnen? Haben die anderen (Mitschüler) Vorschläge dazu?« Die spontane Entfaltungsweise wird jetzt in einen Reflexionsprozess dialogisch eingebunden, und zwar, *ohne* dass die Kinder dabei bewertet und im Zweifelsfalle entwertet und beschämt werden.

Die Kinder können auch darauf bestehen, dass ihr jeweiliges Bild schon fertig sei und keiner weiteren Ergänzungen oder Veränderungen mehr bedürfe. Damit trauen sie sich, sich in ihrer Authentizität, das heißt ihrer eigenen Urheberschaft, zu zeigen. Denn es werden eben keine nötigenden Wachen vor die Tore der Spontaneität und Kreativität der Kinder gestellt.

Die Kinder brennen alle darauf, dass *ihr* Bild besprochen wird. Das hat vorrangig damit zu tun, dass jedes Kind mit seinem Bild identifiziert ist. Das Bild, das an der Tafel hängt, *ist* auch das Kind. So wie das Bild in seinen weiteren Gestaltungsmöglichkeiten betrachtet und wohlwollend wahrgenommen wird, fühlt sich das Kind in seinen Entfaltungsmöglichkeiten wohlwollend wahrgenommen. Hierbei entfalten sich ein kreatives Selbstbewusstsein, eine sichere Identität sowie eine umfassende *Lerngesundheit.*[5] Gleichzeitig werden die Kinder implizit durch die wohlwollende Akzeptanz ermutigt, ihre eigenen »Torwächter« zurückzunehmen. Ein »Das kann ich aber nicht!« kommt bei den Kindern, die von Anfang an an solchem Kunstunterricht teilnehmen, äußerst selten vor.

Lob der Unvollständigkeit

Dieser Prozess, in dem die *Unvollständigkeit* des Bildes einen kreativen Vervollständigungsdialog ermöglicht, ähnelt in vielem der Mutter-Kind-Interaktion, die um das schon erwähnte *Ungenaue* herum angesiedelt ist. Die Erfahrungen mit dem Unvollständigen ermutigen weiterzumachen, dabei neue Wege zu wagen, zu experimentieren und darüber mit den anderen in eine dialogische Beziehung zu treten. Und dieser Weg führt in die Eigenständigkeit, sprich Authentizität, im Sinne eines eigenen, spontanen Ausdrucks: Nach zwei Jahren Kunstunterricht haben die Kinder die eben dargestellten prozessorientierten Gestaltungsweisen als weitgehend implizites Wissen verinnerlicht. Sie sind darin geübt, Eigenes zu wagen. Schablonen, Richtlinien oder der ständige Blick zum Nachbarn sind nicht erforderlich. *Keiner* sagt: »Das kann ich nicht.«

Die Schmetterlingsbilder, die am Ende des zweiten Schuljahres spontan, ohne längere von der Lehrerin begleitete thematische Hinführung und induzierte »Innenaktivierung« entstanden sind, vermitteln eine lebendige und jeweils individuelle Gestaltungslust der Kinder. Schwungvoll trauten sich die Kinder an dem inneren Formalwächter vorbei und ließen ihre Schmetterlinge tanzen. Das Spannende daran ist, dass der »Formalwächter« einerseits zwar überlistet worden ist, andererseits aber in das Gestaltungsspiel mit eingebunden wurde. Das innere *Form-Konzept* von einem Schmetterling zeigt sich in allen Bildern. Aber in jeweils individueller Ausgestaltung! Ein weiteres »dynamisches« Gemeinsames zeigt sich darin, dass etliche Einzelbilder so angelegt sind, dass sie eine Beziehungsaufnahme zu dem Gesamtensemble der Bilder ermöglichen: so als ob die Schmetterlinge einen gemeinsamen Tanz aufführten.

Offensichtlich ist über die Förderung der Authentizität des Einzelnen in dem Kunstunterricht zugleich auch eine Gemeinsamkeit der Klasse im Sinne eines Kohärenzgefühles entstanden, die eine wertschätzende Beziehungsaufnahme der Kinder untereinander über ihre schöpferischen Produktionen ermöglicht.

Entscheidend ist hier wiederum das implizite *Wie* des zweijährigen Unterrichtsprozesses. Da die Bilder die Identität der Kinder repräsentieren, dürfen diese weder von der Lehrerin noch von den Schülern abwertend kommentiert werden. Sinnvoll und notwendig sind die schon genannten Fragen und Ermutigungen, wie: »Das und das könntest du noch ausprobieren oder weiter fortführen«, dies aber ohne entwertenden Beiklang. Denn jede Entwertung lässt die Wächter an den Toren immer mächtiger werden, bis sie schließlich jeden nicht normgestriegelten Einfall an den Toren zurückweisen werden.

Und indem die Kinder auch implizit gefördert werden, in einer wohlwollenden und respektvollen Weise in das Bild ihres Mitschülers »einzusteigen«, sich damit auseinanderzusetzen, ohne es zu demontieren, werden – da das Bild ja das Kind ist – auch ihre Intuition und ihr Einfühlungsvermögen den Mitschülern gegenüber gestärkt. Aus salutogenetischer Sicht hieße das, auf diesem Weg die Friedensfähigkeit der Kinder zu fördern und damit etwas Entscheidendes gegen die zunehmende Aggressivität in der Schule zu tun.

Sehr schön zeigte sich die Empathieentwicklung einer Klasse im Kunstunterricht, als die Kinder eines zweiten Schuljahres eine Hundertwasser-Ausstellung besuchten.

Jedes Kind zeichnete zunächst ein kleines Detail aus einem Hundertwasser-Bild seiner Wahl ab und malte um dieses Detail herum dann *sein* »Hundertwasser-Bild«, das seinen eigenen Einfällen und Gestaltungsoptionen entsprach. Die Bilder beeindruckten die Ausstellungsorganisatoren so sehr, dass sie sie im Foyer der Ausstellungsräumlichkeiten aufhängen ließen. Mit dabei war auch das Bild einer Schülerin, die zwischen den beiden Schulstunden, in denen die Bilder hergestellt wurden, erkrankte und deswegen ihr Bild nicht selber fertig malen konnte. Dies übernahm ein Mitschüler, dessen »Vollendung« des Bildes von der erkrankten Schülerin freudig akzeptiert wurde: »Genauso wollte ich auch das Bild weitermalen ...!«

Die eben skizzierte prozessorientierte Grundhaltung ist überall da angebracht, wo sich Kinder spontan entfalten, sich intrinsisch motiviert vom Unvollständigen zum Vollständigen, vom Ungenauen zum Genauen hinbewegen. Also da, wo Kinder authentisch sein können.

Leider gibt es auf diesem Wege insbesondere seit Veröffentlichung der PISA-Studie viel zu viele Wächter, die vorschreiben, was sein soll und was sein darf.

Einheitliche Bildungsstandards lautet die Zauberformel, die sich die Kultusminister auf ihren regelmäßigen Treffen im Zusammenhang mit dem PISA-Schock ausgedacht haben. Über eine bessere Kontrollierbarkeit versuchen sie, die deutsche Schulproblematik »in Griff zu bekommen«. Wo kämen wir hin, so mögen sie gedacht haben, wenn der Geist wehte, wo und wohin er will ...

Am Ende eines jeden Schuljahres wird nun (vorerst nur) in den sogenannten Kernfächern überprüft, ob die Schüler in Flensburg wie in Freiburg und in Aachen wie in Görlitz die gleichen »Kompetenzen« erworben, das heißt den gleichen Stoff durchgekaut haben. Und so mögen auf Dauer nicht nur die Städte in ihren Strukturen und Architekturen durch Kaufhaus-, Hotel-, Pizza- und Schnellrestaurantketten immer ähnlicher werden, auch die geistigen Verköstigungen an deren

Schulen wird vereinheitlicht und »mcdonaldisiert«: in zwölf statt dreizehn Jahren im Eiltempo zum Abitur mit Einheitskost. Auf diese Weise wird dann nur noch das gelehrt, was überprüfbar ist. Kreativität und soziale Fähigkeiten gehen verloren.

Wie wäre es, so möchte man fragen, wenn die Kultusminister sich die Sichtweise der japanischen Ingenieure (s. Kap. VI) aneigneten und selber mal in die Schule gingen, um zu entdecken, was gut läuft, das heißt, herauszufinden, wo und wie man exzellentes (pädagogisches) Brot backt. Für diese Entdeckungsreise müsste jedoch schon der Fährmann selbst auf der anderen Seite des Flusses aussteigen, um die Schätze zu bergen, anstatt nur »Standards« herüberzuschicken, mit denen diese Schätze zugemüllt werden.

Die geistige Unbeweglichkeit der Fährleute, die sie Schätze zumüllen statt bergen lässt, bedeutet letztlich auch eine Verschwendung ökonomischer Ressourcen. Mittelbar und unmittelbar. Das verschärft die Paradoxie, dass in einem immer noch reichen Land wie Deutschland gerade an der Schule gespart wird. So sollen unsere Schulen jetzt finnische Resultate hervorbringen – aber ohne die dazugehörenden Ressourcen![7]

Wie das gelingen könnte? Unternehmensberater und Wirtschaftsbosse, denen *Nonaka* und *Takeuchi* ziemlich sicher eine unterentwickelte wirtschaftliche Kreativität attestieren würden, lieferten, so *Hinrich Lühmann*, Direktor des Humboldt-Gymnasiums Berlin-Tegel, den politisch Zuständigen folgenden Geheimtipp:

»Ökonomisiert die Schule, leitet sie wie ein Unternehmen – das heißt: Intensiviert und professionalisiert die Arbeit der Lehrer, macht sie effizienter! Die Bildungskosten bleiben gleich, das Produkt Bildung wird besser.

Gesagt, getan. Zur neuen Schule gehören nunmehr: Corporate Identity, Output-Orientierung, Normierung, Controlling, Qualitätsmanagement. Ein Leitbild muss her und ein Schulprogramm. Eine Steuerungsgruppe formuliert nach Bestandsaufnahme und Stärken-Schwächen-Analyse Entwicklungsziele. Zielvereinbarungen binden Schulaufsicht, Schulleitung und Lehrer in ein Geflecht von Anforderungen, die sie gemeinsam unter Anwendung infantilisierender Moderationsmethoden entwickelt haben. Wer nicht mitzieht, der wird in einem ›von gegenseitiger Wertschätzung getragenen Mitarbeitergespräch‹ vom rechten Weg überzeugt.

So werden Lehrer endlich professionell. Der Schulleiter, einst administrativ dilettierender Primus inter Pares, übernimmt Ergebnisverantwortung; er wird Vorgesetzter und regiert top-down: Manager, nicht Pädagoge. Wo einst ein fahles Humboldt-Bild die Lehrerzimmer zierte, strahlen quietschbunte Zahlen und Figuren: Säulendiagramme illustrieren die datengestützte Bewertung der Qualität einer Schule.

Diese neue Schule ist outputorientiert. Man blickt auf das Produkt. Das sind die Fertigkeiten und Kenntnisse der Schüler, ihre ›Kompetenzen‹. Sie werden mit Tests gemessen. Eine dem PISA-Projekt dankbar verbundene internationale Testindustrie und nationale Institute haben sich dieser Aufgabe angenommen. Sie definieren, was zum Beispiel im mittleren Schulabschluss erreicht werden soll, und sie liefern die zur Messung erforderlichen Aufgaben.«[8]

Vergleichbares lässt sich übrigens auch vom Wandel der letzten Jahre in unseren Krankenhäusern sagen. Die Chefärzte als »Halbgötter in Weiß« haben abdanken müssen und bekommen vom Wirtschaftsmanagement der Krankenhäuser top-down Weisungen, wie sie ihre Abteilungen zu organisieren haben. Bottom-up, das heißt von der Basis aus, auf der Stationsärzte, Schwestern, Pfleger, Physiotherapeuten und andere unmittelbar dem Patienten begegnen, erfolgt kaum eine Wissensvermittlung nach oben. Erfahrungswissen, ist, insbesondere als implizites Wissen, nicht gefragt. Auch auf explizites Fachwissen kann man großzügig verzichten. Die Wirtschafts-Fährleute transportieren nur ihre Weisungen ans andere Ufer, die dann aber ohne Verschränkung mit dem »bottom-up« zwangsläufig zu Müll verkommen. Schade. Denn die Beziehung zum Patienten bleibt dabei als Erstes auf der Strecke. Gefolgt vom Betriebsklima. Viele haben innerlich gekündigt, kreatives Eigenengagement, Spontaneität und Authentizität tendieren gegen null. Die Grundstimmung ist gereizt. Der Stress überträgt sich auf die Patienten, deren Gesundung sich dadurch deutlich verschlechtert.

Man mag diese Darstellung übertrieben finden. Aber insgesamt gewinnt man doch den Eindruck, dass das sogenannte »Qualitätsmanagement« mit seinen Kategorien der Struktur-, Prozess- und Ergebnisqualität dazu verwendet wird, trotz der überall erfolgenden Einsparungen, die dann zu immenser Arbeitsverdichtung führen, wenigstens die gleichen Ergebnisse zu erzielen. Das mag im Hinblick auf die bessere Koordination von Arbeitsabläufen in begrenztem Umfang auch möglich sein. Aber die Streichung qualifizierter Stellen nach dem Rasenmäher-Prinzip lässt sich nicht durchsetzen, ohne dass es zu erheblichen Störungen kommt. Verräterisch ist dabei auch, dass über *Kommunikation* im Sinne einfühlender Intersubjektivität, von der man doch meinen sollte, dass genau sie für die Qualität im Krankenhaus unabdingbar sei, als Struktur- und Prozessqualität im Qualitätsmanagement überhaupt nicht nachgedacht wird.

Sich vor Standards und Normen »verdünnisieren«

Es gibt eine lebensbedrohliche Krankheit, die vor allem Mädchen und junge Frauen trifft. Den Patientinnen geht es vor allen Dingen darum, mit einer unglaublichen Kreativität Gewichts- und Essensnormen auszuweichen und vermeintlich eigene Normen zu verwirklichen. Gemeint ist die Pubertätsmagersucht mit ihrem Kampf gegen das Normal-Gewicht.[8] Diesen Kampf führte auch meine Patientin Wiebke.

Für Wiebke war es wichtig, alles *selber* unter Kontrolle zu haben, *sich selber* auch nicht gehen zu lassen. »Mich werden Sie nicht zum Weinen bringen«, verkündete sie gleich in unserem ersten Gespräch ziemlich energisch.

Was denn ihre Fantasien und Tagträume seien und worauf sie sich denn freuen könne, war eine Frage von mir. Wiebke zögerte mit der Antwort, bis sie dann schließlich sagte: »In meinem Beruf erfolgreich sein.«

Bereits als Kind hatte Wiebke Leistungsanforderungen und Konkurrenz kennengelernt: Unterricht im Spielen mehrerer Musikinstrumente, Ballett, Wettbewerbe. Ihre Spiel*technik* ist dabei immer perfekter geworden. Ihre allgemeine *spontane Spielfreude* hingegen schrumpfte immer mehr. Hier unterschied sich Wiebke – zumindest späterhin – von dem kleinen Jörg. Dieser spielte seine »Flöte« aus seiner allgemeinen Spielfreude, nämlich aus dem *moving along* heraus. Im *now moment* entdeckte er dann das Flötespielen als sein eigenes Interesse – und nicht aufgrund einer Aufforderung oder Nötigung. Indem er seine Flöte zusammenbaute und darauf spielte, drückte er etwas Ureigenes aus. Mit einer zauberhaften Authentizität. Und eben dies hat Wiebke vermutlich gefehlt. Gleichwohl macht sie aufgrund ihres Fleißes an der Hochschule anfangs noch Karriere.

Als ihr eines Tages jedoch an entscheidender Stelle Erfolg und Anerkennung versagt bleiben, bricht ihre Welt zusammen. Sie wirft ihre Instrumente in die Ecke, steigt aus ihrer Musikerinnenlaufbahn aus – und erkrankt an der Anorexie. Warum Wiebke sich »verdünnisieren« musste, wurde mir erst viel später klar. Zunächst hatte ich jedoch erhebliche Schwierigkeiten in der Therapie mit ihr.

Vor allem, weil Wiebke alles unter Kontrolle haben musste und kaum etwas spontan sagen konnte, geriet die Therapie immer wieder ins Stocken. Unser Gespräch hatte eher den Charakter eines Frage-und-Antwort-Spieles, wobei Wiebke ihre Antworten stets sehr sorgfältig einer inneren Zensur unterwarf. Als ich sie nach einem längeren, quälenden Schweigen fragte, ob sie sagen könne, was ihr so durch den Kopf ginge, fragte sie für ihre Verhältnisse ziemlich heftig zurück: »Was *soll* mir denn durch den Kopf gehen?« In diesem Augenblick entstand in mir ein inneres Bild, das Wiebke mit ihrem Musikinstrument vor Notenblättern zeigt, wobei sie fragt: »Welches Stück *soll* ich denn nun spielen?« Vor dem Hintergrund dieses Bildes dachte ich daran, dass Wiebke sich bislang kaum an Spielerfahrungen im Sinne eines kindlichen Spielens hatte erinnern können. Im Vordergrund hatten immer das Üben und Lernen gestanden. Einmal hatte sie ihrer einzigen Puppe die Haare abgeschnitten, um zu erproben, ob diese wohl nachwüchsen. Danach war ihr die Puppe weggenommen worden.

In dieser Phase des therapeutischen Geschehens hatte ich wohl den Eindruck, dass sich Wiebke selbst wie eine Spielverderberin verhielt und da nach Normierungen und Vorschriften fragte, wo es doch um Spontaneität und Improvisation ging. Gleichzeitig verspürte ich aber auch so etwas wie eine Ahnung, dass da jemand neben einem Sandberg steht, auf dem ganz viele Kinder spielen, und voller Sehnsucht ist, mitspielen zu dürfen.

Hierüber mag in meinem implizit-prozeduralen Archiv einiges aktiviert worden sein und meine Gedanken, Gefühle und mein Verhalten beeinflusst haben, als Wiebke mir weiterhin schweigend gegenübersaß. Ohne erläuternden Übergang konfrontierte ich sie mit meinem *rettenden Einfall*, dass ich es jetzt besser fände, etwas zu improvisieren, zum Beispiel miteinander zu spielen, anstatt weiterhin auf Worte zu warten.

Wiebke machte große Augen. »Spielen? Wir beide? Hier? Wie denn das ...?«

»Nun, Sie werden gleich sehen«, sagte ich zu Wiebke. »Ich muss vorher aber noch unser Spielzimmer einrichten ...«

Ich räumte meinen Schreibtisch vollständig ab, legte dann ein 0,8 x 2 m großes, grobfaseriges Krepp-Papier von meiner Untersuchungsliege darüber, das Wiebke mit einem Stück weicher Holzkohle anschwärzen sollte. Wiebke machte sich dabei ihre Hände schön schmuddelig. Dies löste bei mir etwas Schadenfreude aus, gleichzeitig die Lust, mitzuspielen. Dann ging es darum, dass wir – anfangs gemeinsam, später Wiebke allein – mit einem Radierstift die uns jeweils erkennbaren Strukturen auf dem Papier nachzeichneten. Dabei kamen lustige Sachen heraus, über die wir gemeinsam lachen konnten.

Von Wiebkes Reaktion auf ihr erstes Produkt war ich freudig überrascht. Sie zeigte auf das entstandene Bild, kicherte etwas dabei und sagte: »Oh, Herr Doktor, das sieht ja aus wie Ihre Füße ...« Ich juxte zurück: »Meinen Sie wirklich, dass meine Füße so schwarz sind ...?«

In diesem Augenblick war Wiebke als ein Gegenüber fassbar geworden. Sie musste sich nicht mehr – zumindest in diesem Augenblick – »verdünnisieren«. Wiebke hat danach geradezu lustvoll weitergemalt und sich auch auf andere schöpferisch-leibliche Therapieverfahren einlassen können, von denen uns damals allerdings noch nicht so viele wie heute zur Verfügung standen. Insgesamt führte die Therapie im Hinblick auf Lebens- und Spielfreude sowie auf ihr Körpergewicht zu einem recht guten Ergebnis. Mit ihren Musikinstrumenten wollte Wiebke nicht wieder spielen, hier zeigten sich bei ihr immer noch ausgeprägte Vermeidungstendenzen.

Zwei Momente waren für das therapeutische Geschehen wohl entscheidend gewesen. Zunächst der Augenblick, in dem Wiebke und ich uns auf das Spielen verständigen konnten, dann Wiebkes Reaktion auf ihr eigenes Produkt. Ihr Humor als gesundheitsbedeutsame Ressource und ihre kreativen Fähigkeiten waren mir bis dahin verborgen geblieben, waren auch für Wiebke selbst in dieser Phase ihres Lebens vorgängig kaum verfügbar gewesen.

Aus unseren jeweiligen – in diesen beiden Augenblicken aktualisierten – impliziten Spielerfahrungen und Spielbedürfnissen heraus entfalteten sich »*Momente der Begegnung*«. Diese ermöglichten eine *gemeinsame* – therapeutische – *Gefühlsreise* (Daniel Stern 2001, 2005).

Selbstverständlich gehörte es zu den therapeutischen Rahmenbedingungen, dass wir im Team zusammen über dieses Geschehen, insbesondere das *Wie*, nachdachten. Der Dialog gehört zum spontanen Handeln dazu, um antitherapeutische Willkür und damit verknüpfte negative Entwicklungen rechtzeitig erkennen zu können. Das gelingt aber nur, wenn der Dialog – wie zum Beispiel auch bei der Besprechung der Bilder im Schulunterricht – ohne Entwertung einhergeht. In unserer Teambesprechung zeigte sich, dass ohne die »Kursabweichung« der therapeutische Prozess vermutlich erst sehr viel später und mühseliger in Gang gekommen wäre. Wiebke selbst erzählte ihrer Pflegebezugsperson, dass sie zuerst »geschockt« gewesen sei, sich dann aber »ganz gut« gefühlt habe. Sie habe nicht gedacht, dass so etwas in einer für sie so ernsthaften Situation wie einer Therapiesitzung möglich sei. Unsere Beziehung war seitdem deutlich verändert. Wiebke zeigte sich gelöster, weniger gespannt und selbstkontrolliert. Sie ließ sich immer wieder »packen«, musste sich immer weniger verdünnisieren.

In einer aufwändigen Langzeituntersuchung zeigte sich, dass der Gesundungsprozess von Anorexiepatienten mit einer zunehmenden Spielfreude einhergeht.[9] Das verwundert nicht, da sich im Spielen ein für die Gesundheit hochbedeutsamer, spontaner Eigen-Sinn zeigen kann. Einen solchen Eigen-Sinn benötigen auch »Wunderkinder«, um auf Dauer gesund zu bleiben. Und authentisch.

Zur Freiheit verhelfen zu wollen und dabei Druck und Kontrolle ausüben zu müssen …

Gerade bei magersüchtigen Patientinnen stehen wir immer wieder vor der Paradoxie, zur Freiheit verhelfen zu wollen und dabei Druck beziehungsweise Zwang ausüben zu müssen. Darunter fallen auch individuell ausgehandelte Verträge.

Diese Verträge können zum Beispiel so aussehen, dass die Behandlung nur fortgesetzt wird, wenn nach einer bestimmten Eingewöhnungszeit anschließend das Gewicht pro Woche um einen Mindestbetrag steigt. Nun besteht aber gerade bei magersüchtigen Patientinnen ein großes Bedürfnis, eben nicht für die Absichten anderer greifbar zu sein, sondern nach – scheinbar – eigenen Gesetzen zu leben. Gerade, weil so vieles zuvor fremdbestimmt *eingetrichtert* worden ist, muss das, was jetzt aufgenommen wird, strikt von ihnen kontrolliert werden. Insofern erscheint es als sehr bedeutsam, den Patientinnen die Behandlung, die auf sie zukommt, zu erklären und ihnen auch Zeit einzuräumen, um sich für oder gegen die Behandlung zu entscheiden. All dies tritt aber in den Hintergrund, wenn aufgrund eines extremen Untergewichtes »das Gehirn bereits hungert« und damit relativ freie Entscheidungen genauso unmöglich sind wie bei anderen hirnorganischen Prozessen, seien es Entzündungen oder Vergiftungen durch Alkohol und Drogen.

Was dann gilt, ist das sogenannte *wohlverstandene* – das heißt als solches wahrgenommene – *Interesse* der Patientinnen. Dieses ist am ehesten von der Fürsorglichkeit einer Mutter ihrem Kind gegenüber abzuleiten. Denn in der liebevollen Fürsorglichkeit sind die Anerkennung der Eigenheit und des Eigenrhythmus des Kindes sowie dessen spätere Eigenständigkeit grundsätzlich mit eingeschlossen. Und eben diese Anerkennung wird implizit-prozedural in der feinfühligen Abstimmung insbesondere im spielerischen Dialog dem Kind vermittelt.

Wenn es gelingt, Anorexiepatientinnen »im Geiste der Neugierde« für die Intermediärräume des schöpferischen Spielens zu gewinnen, dann eröffnen sich Räume für das freie Gestalten und für selbstgefundene Spielregeln als Ausgleich für die aufgezwungenen Spielregeln der Therapie.

All das, was für das *moving along* (s. Kap. III) für die Intersubjektivität von Mutter und Kind beschrieben wurde, ermöglicht ein grundlegendes inneres Freiheitserleben. Wenn das Spiel-Erleben in unseren implizit-prozeduralen Wissensschatz aufgenommen wird, dann etabliert sich auch nicht so schnell ein innerlicher Großinquisitor, der ständig nur sagt: Du musst! Du musst! ...[10]

Wir finden solche verinnerlichten Großinquisitoren aber sehr häufig gerade bei Anorexiepatientinnen. Und diese werden an jeden Ort mitgenommen. Es gibt kein Entkommen. Nur eine Art Trick scheint weiterzuhelfen, indem der Großinquisitor mit seinem »Du musst! Du musst!« via *Identifikation* in ein Teil-Ich umgewandelt wird, das scheinbar aus eigenem Willen heraus ständig sagt: Du musst – noch dünner werden. Gegen diesen dem eigenen Ich zugeordneten Großinquisitor hilft auf Dauer nicht allein ein therapeutisch dagegengesetztes bloßes »Du musst zunehmen und dein Gewicht halten!«[11], sondern nur eine zeitnahe zur Gewichtszunahme sich einstellende neue innere Freiheit, über die der Großinquisitor entlarvt und entmächtigt wird, wie es sich in Selbstzeugnissen von Anorexiepatientinnen mit entsprechender Therapie übrigens gut nachlesen lässt.[12]

Kapitel VIII
Zauberkraft und Flüchtigkeit der Augenblicke

Moment
(aus lat. *momentum*)
– Bewegungsmittel
– Bewegungs-, Ausschlagskraft
– Bewegung
– Zeitabschnitt, Augenblick.

»Das, was Sie auf dem Film oder Foto sehen, hat hier nicht stattgefunden. Und was hier geschieht, ist auf dem Film nicht zu sehen«, sagte der Pastor zu Beginn des Konfirmationsgottesdienstes. Nur wenige haben ihn verstanden. Unvermindert heftig war das Blitzlichtgewitter, als er segnend die Hände über den niederknienden Konfirmanden hielt.

Uns fällt es unglaublich schwer, zu akzeptieren, dass wir die Momente, in denen wir das *Mitbewegtsein* besonders heftig spüren, nicht wiederholen, schon gar nicht festhalten, zum Beispiel auf Zelluloid oder einen moderneren Datenträger bannen können. Die Einsicht des Heraklit, dass wir *nicht zweimal in denselben Fluss steigen können*, ist zwar schon zweieinhalbtausend Jahre alt. Dennoch versuchen wir dieser Einsicht immer wieder mit allerlei Tricks zu entkommen. Aber auch dadurch werden wir nicht zu Herren der Zeit in dem Sinn, dass wir die Abfolge der Momente stoppen oder wiederholen könn-

ten. Es gibt kein Original-Playback. Jeder Moment ist ein Einzelstück und kann nicht von uns reproduziert werden.
So war auch der oben genannte Augenblick des Einsegnens einmalig – spirituell, wahrnehmungspsychologisch und auch neurobiologisch ...

Die *Zeitkontur* oder der *Rhythmus* dessen, was wir mit unseren Sinnen in einem Augenblick oder einer Abfolge von Augenblicken wahrnehmen, »spielen mit unserem Nervensystem und werden (dabei) in Gefühlskonturen übersetzt«.[1] Die Übersetzung erfolgt aber nicht immer eins zu eins. Aus der augenblicksgebundenen elterlichen Wahrnehmung des feierlichen Largo-Andante beim Niederknien und Segnen der Konfirmanden entbindet sich *in* den Eltern ein Crescendo tränennaher Gefühle: Liebe, Bindung, Zuneigung, Freude, auch schmerzlicher Abschied von der Kindheit und Hoffnung auf eine gute Zukunft ... Solch ein Erleben kann *in uns* weiterbestehen, sich mit dem Erleben von Folgemomenten zu einer großen Einheit verknüpfen. Wenn wir aber den Augenblick des Einsegnens für uns filmisch oder fotografisch dokumentierbar und reproduzierbar zu machen versuchen, geraten wir unweigerlich durch das technische Handeln in eine Distanz. Wir konzentrieren uns auf die Dokumentation und nicht auf das Geschehen selbst. Aus unserer augenblicklichen Wahrnehmung heraus entbindet sich dann kaum noch solch ein Crescendo. Dies lässt sich auch nicht originalgetreu nachholen, wenn wir uns anschließend die Reproduktion des Ereignisses im Film oder auf einem Foto ansehen. Denn es fehlen zu diesem Zeitpunkt alle vorangehenden Augenblicke dieses Tages einschließlich der impliziten körperlich-sinnlichen Wahrnehmungen, zum Beispiel, wenn wir eine Kirche zu einem Festgottesdienst betreten. Ebenso fehlen die affektmodulierende Konzentration, Offenheit und Wahrnehmungsbereitschaft dieses

Tages auf das Ereignis hin. All dies fehlt zwar auch, wenn wir andere für uns das Ereignis haben dokumentieren lassen und uns späterhin vor dem Hintergrund des *erlebten* Crescendo die filmische oder fotografische Reproduktion anschauen, doch das, was wir dann wahrnehmen, ermöglicht immerhin eine intensive Erinnerung daran, dass wir etwas ganz Besonderes erlebt haben. Erinnerung wird auf dem Boden der anatomischen Feinstrukturen unseres Gehirns und der damit verknüpften hirnfunktionellen Prozesse stets wieder neu konstruiert, und andere situative Gegebenheiten gehen in diese Erinnerung wiederum aktuell mit ein.

Wenn es uns gelingt, die unzähligen Augenblicke unseres Lebens in unserem biografischen Gedächtnis als Zeilen und Seiten unserer Lebensgeschichte zusammenzubinden, empfinden wir uns als ein und dieselbe Person. Dann kann es auch sehr beglückend, manchmal sogar therapeutisch hilfreich sein, sich alte Bilddokumente einschließlich kurzer Filme anzuschauen. Hierfür ein Beispiel.

Wegen heftiger und quälend-angstvoll erlebter Herzbeschwerden wie Herzrasen, Herzstechen und -stolpern sowie häufiger Migräneattacken wurde Petra bei uns stationär behandelt. Vieles, was ihr zu Herzen ging oder ihr Kopfzerbrechen bereitete, hatte sie im Laufe ihrer Ehe in sich hineingefressen. Da sie selber beruflich stark engagiert und damit auch erfolgreich war, hatte sie augenscheinlich übersehen, dass sie und ihr Mann sich immer mehr auseinandergelebt hatten. Der Mann war genauso wie sie mit seinem Beruf identifiziert, so dass sich beide auch am Wochenende außer bei einem gelegentlichen Pflichtspaziergang zusammen mit ihrer Tochter kaum begegneten, sich kaum noch wechselseitig wahrnahmen. Der intersubjektive Austausch ähnelte dem zwischen zwei sich flüchtig begegnenden Nachbarn. Ihren zunehmend schlechten Schlaf führte Petra auf den »Stress« zurück, insbesondere das Mobbing am Arbeitsplatz.

Die heftigen körperlichen Symptome entwickelt sie, als ihr Mann Uwe bei einem Verkehrsunfall schwer verunglückt.

Petra besucht ihn so oft wie möglich. Beide wissen sich aber anlässlich der Besuche über die organisatorischen Dinge hinaus kaum etwas zu sagen. Wenig später stellen sich bei Petra die oben genannten Symptome ein, die sie zu uns in die stationäre Behandlung führen. Natürlich wird im therapeutischen Dialog auch ihre Ehe angesprochen und bald auch der Ehemann in das Gespräch mit einbezogen. Beide sind zunächst ziemlich ratlos und verunsichert, bestätigen sich andererseits immer wieder gegenseitig, dass sie sich doch kaum gestritten hätten. Nun aber sei es für sie schon sehr bedrückend, plötzlich zu entdecken, wie wenig sie einander noch zu sagen hatten; auch der Sex sei doch mehr Routineritual als gefühlshaft-dialogische Kommunikation miteinander gewesen.

Offensichtlich gab es für sie schon lange kein *moving along* (s. Kap. IV) mehr, aus dem heraus sich intersubjektive Begegnungsmomente hätten entfalten können. Auf die Frage aber, ob sie sich daran erinnern könnten, wie sie sich kennengelernt hätten, zeigte sich sowohl bei Petra wie bei Uwe ein kurzes Lächeln. Ja, das könnten sie ... Beide erzählen mit zunehmender emotionaler Beteiligung und wechselseitigen Ergänzungen von dem damaligen für beide so entscheidenden Ereignis. An dieser Stelle habe ich sie aufgefordert, in ihren ersten gemeinsamen Fotoalben zu blättern, sich mit Muße ein paar Bilder anzuschauen. Sie haben es dann auch getan. Darüber wurden jedoch weniger die zu den durchweg freudigen Ereignissen passenden Gefühle aktiviert, sondern vielmehr Trauer und Schmerz über die nachfolgende verlorene Zeit. In diesem Augenblick der Wahrnehmung alter Dokumente entfaltete sich auch noch etwas anderes und in Folge therapeutisch sehr Hilfreiches: das Gefühl, immer noch füreinander bedeutsam zu sein. Dieser verschüttete »Schatz«, den sie gemeinsam bargen, war entscheidend für den weiteren positiven Verlauf ihrer neu gestalteten Begegnungsweisen.

Fotos können also durchaus etwas in uns bewegen. Sie können nämlich das Vorher und das Nachher zu dem Abgelichteten im Augenblick des Betrachtens innerlich sichtbar werden lassen. Das Vorher und das Nachher nehmen dann eine Zeitkontur an, entlang der die Gefühle freigesetzt werden können. Den Augenblick aber als Besitz festhalten, als objektiven Befund dokumentieren und reproduzierbar werden lassen können Fotos nicht. Dies gilt insbesondere für stille, »transzendenznahe« Ereignisse. Bislang ist es auch – noch – nicht üblich, den Augenblick zu filmen oder zu fotografieren, in dem der Sarg ins Grab hinabgelassen wird. Der Abschied als Beginn der Trauerarbeit wird *innerlich* erlebt – solange wir noch innerlich erleben können und nicht auf mediale äußere Bilderprothesen angewiesen sind.

Nur scheinbar im Widerspruch dazu können Dokumentarfilmer und Fotografen, die sich als Licht*bildner* verstehen, über ihr Medium *das Wesentliche* darstellen, das bei einer Vielzahl gleichzeitiger Sinneseindrücke unserer augenblicklichen Wahrnehmung verborgen bleibt. Hier ist der Augenblick als zeitliche Größe für den Umfang und den Rhythmus eines Geschehens aber immer auch schon mitbestimmt durch den Augenblick als situativ *beeinflussbare* Sinneswahrnehmung.

Auf der Zeitebene ist der Augenblick mit einer musikalischen Phrase vergleichbar. Ihre Dauer – zwischen zwei und acht Sekunden – wird als *ein Jetzt* im Erleben zusammengefasst. Die musikalische Phrase »ist mehr als die Summe der

Noten, aus denen sie besteht. Unser Geist kleidet sie, während sie sich entfaltet, in eine Gestalt. Wir erahnen sogar mögliche Abschlüsse, noch während die Phrase erklingt und bevor wir sie vollständig gehört haben. Das heißt, die Zukunft ist in jedem Sekundenbruchteil der Reise, die die Phrase durch den gegenwärtigen Moment nimmt, impliziert.

Gleiches gilt für phrasenähnliche Gruppierungen im verbalen und nonverbalen Verhalten im alltäglichen Leben und in der Psychotherapie. (...) Es gibt kein fotografisches Äquivalent, mit dessen Hilfe man eine gehörte musikalische Phrase festhalten kann«.[2]

Auch im Alltagsdialog reihen sich Augenblicke aneinander, die dann als gemeinsam gelebte Erfahrung seelisch geteilt werden können, indem die Dialogpartner intuitiv jeweils am Erleben des anderen partizipieren. Das implizite Beziehungswissen ermöglicht aus dem Augenblick heraus ein Wissen um den anderen, das sich wie der einzelne Augenblick selbst einer umfassenden expliziten oder fotografischen Dokumentation verweigert.

In diesen Augenblicken der *Intersubjektivität* als existenziellem Grundbedürfnis wird immer wieder der Prozess belebt, in dem *der Mensch am Du zum Ich wird* (Martin Buber). Aber wir müssen schon mit unseren eigenen Augen blicken.

Intersubjektivität in der Schule ereignet sich zum Beispiel in solchen Augenblicken, in denen die Lehrerin oder der Lehrer mit den Schülern spricht, deren Bilder anschaut, ihnen zuhört, wenn sie von ihren kleinen und großen Abenteuern aus ihrem Alltag erzählen, sie gemeinsam Lieder singen, über den ersten Maikäfer staunen und sich über die ersten Schneeflocken freuen ... Kinder, die die Intersubjektivität und damit die Wahrnehmung ihres Selbst erfahren haben, können dann auch viel besser die Lehrerin oder den Lehrer mit ihren Anliegen der

Wissensvermittlung wahrnehmen – sogar, wenn diese nur frontal unterrichten. Entscheidender als die Methode ist die aus der Intersubjektivität resultierende Beziehung und Selbstbeziehung. Dieser durch die Psychotherapieforschung bestens gesicherte Satz, lässt sich ohne weiteres auf die Grundschulzeit, aber auch noch auf die folgenden Schuljahre übertragen.

Wenn aber der Augenblick durch vermeintlich objektivierende Dokumentationen verstellt ist, dann geht das Wesentliche verloren, so, wie dem Vater das Wesentliche bei der Konfirmation seines Sohnes verlorenging, als er den entscheidenden Augenblick fotografisch dokumentieren und reproduzierbar machen wollte. Die Methode des Objektivierens und Dokumentierens führt nicht zur Intersubjektivität. Und auf Dauer geht die Beziehung verloren. Dann geht es unversehens immer weniger um den Menschen selbst, sondern nur noch um die Methode. Sehr oft verrät dies allein schon die Sprache, mit der eine Methode eingefordert wird, wie folgender Interviewausschnitt zeigt:

»Prof. Köller: Der gesamte Prozess einer empiriegestützten Schulentwicklung wird nur dann fruchtbar, wenn die Schulen lernen (...) sich im Kollegium mit den Ergebnissen von Vergleichsarbeiten und Schulleistungsstudien auseinanderzusetzen. In diesem Zusammenhang bieten die Bildungsstandards besondere Chancen. Sie geben nämlich die Ziele vor (...) Die Ergebnisse der Vergleichsarbeiten spielen in diesem Zusammenhang eine besondere Rolle, schließlich geben sie den Kollegien doch genaue Informationen über den erreichten Lernstand und damit den Förderbedarf von Schülerinnen und Schülern. Inwieweit es uns gelingt, dieses Instrument zu etablieren, hängt nicht zuletzt auch davon ab, ob es im Hinblick auf die Organisationsentwicklung zu Veränderungen kommt. Im Grunde genommen muss die Einführung von standardbasierten Tests durch Maßnahmen der Organisationsentwicklung begleitet werden, die auf die Herstellung einer kooperierten Arbeitskultur an Schulen abzielen.

fs: Wenn wir mit den Vergleichsarbeiten den Fokus auf Tests und auf Testbares legen, gerät nicht die Komplexität des Bildungs- und Erziehungsauftrags von Schule aus dem Blick?

Köller: Testaufgaben sind (...) sehr messgenau und viel informationsreicher als Aufgabenformate, die in Klassen- oder Abschlussarbeiten verwendet werden.«[3]

Von Intersubjektivität ist in diesem Text kaum eine Spur zu finden. Hier werden vielmehr die Subjekte messgenau angegangen und zu Test-Objekten gemacht. So sind »Kernanliegen des IQB (Institut zur Qualitätsentwicklung im Bildungswesen) die Weiterentwicklung, Operationalisierung, Normierung und Überprüfung von Bildungsstandards«.[4] Indem die Schüler im Vermessungs- und Dokumentationsprozess zu Test-Objekten gemacht werden, geht der Augenblick mit seinen intersubjektiven Begegnungsmöglichkeiten verloren. Die Distanz zwischen Lehrern und Schülern wird dabei immer größer. Das, was in dem *moving along* der Augenblicke als implizites Wissen von der Verfasstheit der Schüler den Lehrern zugänglich werden könnte, vertrocknet. Und ebenso vertrocknet die Intersubjektivität. Diese ist aber die Basis aller Lernprozesse von der Geburt bis weit in die Pubertät. Mindestens.[5]

Dem Lehrer geht es ohne Intersubjektivität im Kontext eines impliziten Beziehungswissens ungefähr so wie dem Physiker, der zwar mit aufwändigen Berechnungen die Flugbahn eines Balles berechnen, diesen aber nicht mehr fangen kann. Intuitiv, das heißt aufgrund seines impliziten Wissens, kann aber schon ein Kind die Flugbahn eines ihm zugeworfenen Balles erfassen und seine eigene Motorik so steuern, dass es den Ball dann auch auffängt. Das hat etwas damit zu tun, dass Außenwelt und Selbstwelt in einem gemeinsamen neuronalen Netzwerk repräsentiert werden. Dieses Netzwerk funktioniert meist auch prächtig, wenn wir schnell erfassen wollen, was in einem anderen Menschen vorgeht. Der gute Torwart erfasst intuitiv, was in dem Elfmeterschützen vorgeht. Dieser hingegen weiß auch darum und versucht durch Täuschungsmanöver den Torwart zu überlisten. Ebenso weiß ein guter Stürmer intuitiv, an welcher Stelle er den ihm zugedachten Ball aufnehmen und in einen Torschuss verwandeln kann. Bleiben dann einmal – was bei Stürmern ab und zu vorkommt – die Tore aus, heißt es bei seinem Trainer und seinen Mitspielern zu Recht: Er denkt zu viel …

Kapitel IX
Intersubjektivität – Augenblicke des Verstehens

Ich weiß, dass du weißt, dass ich weiß, was du fühlst ...

Blickkontakt suchen, einander anschauen und spontan ohne Worte verstehen, mitfühlen können – all das gehört mit zu den wertvollsten menschlichen Grundvermögen, eine Fähigkeit, die heute zunehmend auch von der Neurobiologie erforscht wird*.

* Beim Adjektiv neurobiologisch, das sei kurz angemerkt, bekommen heutzutage manche einen ganz verklärten Blick, der an die Zeiten des Goldrausches in Amerika erinnert. Eine verhältnismäßig sanfte Form der Verklärung zeigt sich auch bei den Psychotherapeuten, könne nun doch endlich sichtbar nachgewiesen werden, dass Psychotherapie am Gehirn des Menschen etwas bewirkt, also »wirkt«. Das große publizistische Interesse an der Neurobiologie bzw. an den bildgebenden Untersuchungsmethoden mag dann schwere Rauschformen begünstigen, z. B., dass neurobiologisch nachgewiesen sei, der Mensch besitze keine Freiheit, sondern sein Handeln sei das Ergebnis von kausal vorherbestimmten biochemischen Prozessen. Übersehen wird dabei die kategoriale Verschiedenheit von Freiheit und Beliebigkeit. Bei aller Verfeinerung und Zeitgleichheit des Nachweises von Hirnprozessen beim fühlenden und denkenden Menschen sollte eines nicht übersehen werden: Über sich und seine Geschichte erzählen kann immer nur der Mensch als Subjekt und nicht sein Gehirn als Funktionsort bestimmter biochemischer und biophysikalischer Prozesse. Und die spannendste aller Fragen wird die Neurobiologie vermutlich nie klären können: wieso es aufgrund materieller Prozesse zu einem Bewusstsein kommt, das sogar danach strebt, eben diese materiellen Prozesse in ihren Abläufen zu beobachten und zu erklären. Trotz aller Begeisterung, von der sich auch der Autor selbst nicht ganz freisprechen will, bedarf es in dieser Aufbruchstimmung also einer gewissen Nüchternheit, um nicht das aus dem Auge zu verlieren, was den Menschen zum Menschen macht.

Und bei genau dieser Frage stießen die Hirnforscher Vittorio Gallese und Giacomo Rizzolatti 1996 in ihrem Labor in Parma eher zufällig auf einen in der Tat bemerkenswerten neurobiologischen Vorgang, nämlich als sie dabei waren, einen bestimmten Teil der Hirnrinde (den sogenannten prämotorischen Cortex) von Affen zu untersuchen.

Es begann zunächst unspektakulär. Schon seit geraumer Zeit ermittelte die Forschergruppe über ein spezielles EEG *(Elektroenzephalogramm)* weitere Einzelheiten dieser Hirnregion, die für zielgerichtete Handlungen zuständig ist. Erwartungsgemäß »feuerten« die für die Bewegungsabläufe zuständigen motorischen Zellen ihre elektrischen Erregungspotenziale, wenn von dem Affen bestimmte Handlungen ausgeführt wurden – wie zum Beispiel nach einer Erdnuss greifen. Und dann ereignete sich das Unvorhergesehene, das von Jochen Peichl sehr schön erzählt wird:

»Eines Tages, als der (Versuchs-)Affe etwas gelangweilt herumsaß, sich nicht bewegte und den Versuchsleiter Rizzolatti beobachtete, wie der sich eine der herumliegenden Erdnüsse nahm und aufknackte, feuerten einige Neurone in der prämotorischen Area des Affengehirns. Der Affe hatte sich nicht bewegt, nur der Mensch vor ihm, der hatte etwas getan, was der Affe schon hundert Male getan hatte: nach einer Erdnuss greifen und sie aufessen. Giacomo Rizzolatti dachte nach: Da gibt es also Zellen, die können nicht unterscheiden zwischen etwas beobachten und etwas selbst tun – Sehen und Tun sind für sie das Gleiche –, oder noch zugespitzter: Für diese Neurone ist das Beobachten einer Handlung das Gleiche, wie wenn man es selbst tun würde. Diese speziellen Neurone im prämotorischen Cortex nannten die Forscher zuerst ›monkey see – monkey do‹-Neurone und begannen, an dieser folgenschweren Entdeckung zu forschen.

Was wissen wir heute über dieses Phänomen? Wenn ein Affe beobachtet, dass sein Versuchsleiter vor ihm nach einer Erdnuss greift, bleiben die meisten der prämotorischen Nervenzellen erwartungsgemäß inaktiv. Dies ist auch so zu erwarten, da diese Neurone für aktive Handlungen zuständig sind und nicht für Wahrnehmung der äußeren Welt. Eine kleine Gruppe dieser (...) prämotorischen Neurone im Frontallappen des Macaque-Affen (...) bilden eine Ausnahme: Sie feuern sowohl, wenn der Affe die Erdnuss ergreift, als auch, wenn er dem Versuchsleiter beim Greifen der Erdnuss zusieht, und auch, wenn er das Geräusch der knackenden Erdnuss hört – diese Zellen in der unteren prämotorischen Hirnrinde ›spiegeln‹ somit das Verhalten seines Gegenübers wider, das heißt, der Affe versteht, was der andere tut, indem er die Handlung im Kopf virtuell nachvollzieht – deshalb der Name ›Spiegelneurone‹.«[1]

Die Entdeckung der Spiegelneurone beim Affen hat eine fieberhafte Forschungsaktivität bezüglich der Frage ausgelöst, ob und in welcher Weise derartige Neurone auch beim Menschen aktiv sind. Nach dem heutigen Stand der Ergebnisse können wir davon ausgehen, dass es beim Menschen ein komplex verschaltetes System von Spiegelneuronen gibt. So gibt es nicht nur die eben beschriebenen Spiegelneurone in dem Bereich der handlungskompetenten Nervenzellen, sondern ebenso dort, wo es um die körperlichen Empfindungen wie auch die Emotionen geht. Wenn wir jemanden mit hängenden Schultern und schleppendem Gang gehen sehen, dann spüren wir dessen Müdigkeit und Bedürfnis, sich so bald als möglich zu setzen. Und indem wir jemandem zuschauen, dem im Rahmen einer kleinen Operation ein Finger- oder Fußnagel entfernt wird, dann haben wir ein sehr unangenehmes Gefühl, so, als ob uns gleich selber ein Nagel entfernt wird. Hier werden Spiegelzellen aktiv, die die emotionale Seite des Schmerzes von uns spontan nachempfinden. »Das, was uns beim Schmerz tief unter die Haut geht, wird durch Nervenzellen registriert, die sich in einem Hirnareal empfinden, in dem sich unser emotionaler Grundzustand und unser Lebensgefühl formen.«[2] Dieses Areal mit der Bezeichnung *Gyrus cinguli* verläuft von vorn nach hinten beidseits tief in der Längsfurche des Gehirns. Sehr eng verknüpft ist diese Region mit dem Zentrum für körperliche Empfindungen.

»Die Arbeitsweise der Spiegelneurone zeigt, auf welche Weise wir andere verstehen: Einen Menschen zu erleben geschieht dadurch – man könnte auch sagen: hat zur Folge –, dass etwas ihm Entsprechendes in uns selbst aktiviert wird. Spiegelnervenzellen feuern, wenn wir selbst eine Handlung vollziehen, aber auch dann, wenn wir dieselbe Handlung, ausgeführt von einem anderen Menschen, beobachten. Sie feuern, wenn wir die mit einer bestimmten Situation verbundenen körperlichen Empfindungen spüren, aber auch dann, wenn wir (mit)erleben, dass sich jemand anders in einer entsprechenden Situation befindet. Sie feuern, wenn wir Emotionen wie Freude oder Angst fühlen, aber auch dann, wenn wir einen Menschen mit solchen Gefühlen sehen.«[3]

Die Spiegelneurone stecken dahinter, wenn ein Säugling das Lächeln oder die Laute der Mutter nachahmt, im Laufe der Zeit Gestik, Mimik, Sprachmelodie und Sprache der Kinder denen ihrer Eltern immer ähnlicher werden. Über die Spiegelneurone lernen wir also auch das Sprechen und Sprachen.[4] Und viel schneller lernen wir ebenso ein Musikinstrument oder ein Fahrrad zu beherrschen, wenn wir den Umgang damit bei einem Modell (Lehrer) wahrnehmen. Auch das, was unter *Resonanzverhalten* zu verstehen ist, hat mit den Spiegelneuronen zu tun: Gähnen, Lachen, Weinen, bestimmte Körperhaltungen im Gespräch wirken einfach ansteckend, wenn wir nicht bewusst versuchen, gegenzusteuern. Und wenn wir bei einem spannenden Fußballspiel vor dem Fernseher sitzen, tritt unser Fuß schon einmal gegen einen nicht vorhandenen Ball – auch hier sind die Spiegelneurone aktiv. Sie sind, so gesehen, »Zwischenstation« zwischen der Wahrnehmung einer Bewegung und dem Erfassen ihrer *Bedeutung* innerhalb eines Bewegungskontextes: *Jetzt* ist der richtige Augenblick, den Ball auf das Tor zu schießen. Zugleich läuft über die Spiegelneurone die Ausführungs*anordnung* der als sinnvoll erkannten Bewegung.

Es ist allerdings das »Schicksal« des Zuschauers, dass er den aktuellen Gesamt-Bewegungszusammenhang eines Spieles – das heißt, wenn man so will, dessen Choreografie – zwar oft umfassender wahrnimmt als der Spieler selbst, aber leider nicht mitspielen darf. Die motorischen Ausführungsimpulse des eigenen – aus der Wahrnehmung des Spiels resultierenden – Spielkonzeptes werden jedoch bei den Zuschauern über ein bestimmtes Hirnareal, nämlich den *Gyrus praefrontalis*, kontrolliert und zumeist unterdrückt, es sei denn, der Impuls ist, wie bei einer aktuellen Torchance, zu stark und durchbricht die vom Gyrus praecentralis ausgehenden Hemmungsimpulse. Dann spielt unser Fuß plötzlich mit. Ähnliches kennen wir auch, wenn wir als Beifahrer in einer kritischen Situation »auf die Bremse treten«. Oder der Gyrus praefrontalis ist wie bei manchen hyperaktiven Kindern nicht ausreichend entwickelt und spontan brechen dann auch schwächere motorische Handlungsimpulse durch – gegen die Spielregeln.

Über die Spiegelneurone können wir schon von Ferne uns vertraute oder gut bekannte Menschen an deren Gang, Gestik und Motorik erkennen, ebenso auch daran, wenn etwas von deren Stimme oder Lachen an unser Ohr dringt. Indem wir unseren Freund erwarten, diesen dabei geistig vor Augen haben, wird all das, was wir implizit von ihm wissen, in uns aktiviert, wenn wir nur einen Bruchteil dessen auf die Ferne hin als äußeres Signal wahrnehmen. Er wird dann gewissermaßen von außen und innen zugleich in uns hineingespiegelt. Ebenso können wir auch die Stimmung unseres Gegenübers aufgrund von dessen Mimik, Sprache und Gestik rasch erfassen. »Sobald wir mit einem Menschen in Kontakt treten, interagieren unsere Körper miteinander, tasten sich fortwährend ab, lösen subtile Empfindungen ineinander aus. Wir geraten in eine Art Kräftefeld, in eine eigenständige Sphäre von Wechselwirkungen, die wir nicht oder jedenfalls nur sehr begrenzt steuern und kontrollieren können. Unsere Körper verstehen einander, ohne dass wir genau sagen könnten, wodurch und wie das geschieht.«[5] Dieses Verstehen beruht auf einem Wechselspiel von impliziter Wahrnehmung und Darstellung. Und zwar Darstellung des Eigenen und Wahrnehmung des Du. Donald Winnicott formulierte pointiert schon vor Jahrzehnten einen ähnlichen Zusammenhang: »Was erblickt das Kind, das der Mutter ins Gesicht schaut? Ich vermute, im Allgemeinen das, was es in sich selbst erblickt.«[6]

»Aufgebröselt« schließt dieser Satz folgende Schritte ein:

1. Ein Kind wird beim Arzt untersucht, schreit und schaut kläglich drein. Die Mutter nimmt das Kind nach der Untersuchung auf den Arm, schaut ihm ins Gesicht und fühlt sich in ihr Kind ein, spürt, welche Befindlichkeit das Kind im Augenblick bewegt, für die es noch nicht über einen von ihm selber identifizierbaren Ausdruck verfügt.
2. Mit dem diffus empfundenen Unbehagen nimmt das Kind zeitgleich das mütterliche Gesicht wahr, dessen Ausdruck ihm sein eigenes von der Mutter zuvor empathisch wahrgenommenes Unbehagen *von außen* zurückspiegelt.
3. Dieser Ausdruck gehört zu dem Unbehagen und wird als

solcher in seinem neurobiologischen Korrelat in den Spiegelneuronen mit ihren Verknüpfungen hinterlegt.

4. Wenig später verändert die Mutter ihren Gesichtsausdruck etwas, wodurch dieser von dem Vorausgegangenen als etwas »Nicht-Eigenes« unterscheidbar wird: »Alles nicht so schlimm!«
5. Dieses zunächst Nicht-Eigene wird ebenfalls in dem Spiegelneuronennetzwerk hinterlegt, worüber es als zuvor Unterscheidbares in einem zweiten Schritt auch zum Eigenen wird.

In diesem Wechselspiel zwischen Mutter und Kind scheint der Säugling auch dann zunächst »bloß« etwas nachzuahmen, wenn er zum Beispiel, wie die Mutter, eine »Schnute zieht«, die Zunge herausstreckt oder lächelt. Aber mit dieser augenblicklichen Nachahmung gestaltet und erlebt er zugleich etwas Eigenes, das von der Mutter auch als solches identifiziert wird, nämlich seinen interaktionellen Dialoganteil und die Freude am Dialog selbst, die Lust an der körperlichen Interaktion, das Interesse am sozialen Umfeld. All dies gründet in einem spontanen Lerninteresse, das aber zur Verwirklichung eines leibhaftigen, liebevoll interessierten Gegenübers bedarf.

Natürlich ahmt die Mutter wiederum nicht nur das Kind nach, sondern sie vermittelt ihr Eigenes, indem sie das, was sie zurückspiegelt, etwas verändert und zugleich in szenische Zusammenhänge bringt, über die das Kind allmählich lernt, *seine* Gefühle zu identifizieren.

Für diese frühen Lernprozesse, gerade auch im Hinblick auf die Fähigkeit, die eigenen Gefühle »lesen zu können«, ist es von großer Bedeutung, dass die Mutter das Lächeln ihres Säuglings auch wahrnehmen kann (und beim Stillen nicht auf den Fernseher schaut) und ebenso auch in der Lage ist, darauf zu antworten (was ihr in einer depressiven Verstimmung dann nicht mehr möglich ist). Zu der gelingenden Intersubjektivität gehört auch, dass die Bezugspersonen erkennen, wenn der Säugling müde ist, nicht mehr stimuliert werden, nur noch bei sich selbst sein oder schlafen möchte.

Bereits die Lächeldialoge zwischen Säugling und Eltern stellen ein kreatives Wechselspiel von Darstellung, Wahrnehmung und antwortender Nachahmung dar. Die Nachahmung der Eltern ist aber, wie schon erwähnt, mit den Lauten und der Mimik des Säuglings meist nicht vollkommen deckungsgleich. Und ebenso unterscheiden sich seine Äußerungen, mit denen er selbst auf die Eltern reagiert, großteils von deren Spontanaktivitäten. Es handelt sich dabei um spontan improvisierte Variationen im Kontext eines freudigen Duetts oder Tanzes. Indem die Eltern ihrem Kind antworten, die Antwort aber modulieren, überzeichnen, akzentuieren, vermitteln sie zeitgleich zu ihrer Nähe, in der sie die Darstellung ihres Kindes wahrnehmen, auch ihre Unterscheidbarkeit vom Kind, ihr Anderssein. Die Darstellung des Kindes bleibt seine *eigene*. Verkürzt: Das Kind spürt sich früh als bedeutsam in seiner eigenen und unterscheidbaren Identität wohlwollend wahrgenommen und anerkannt: Augenblicke des Verstehens!

In dieser dialogischen intersubjektiven Begegnung zwischen Säugling und Eltern werden faszinierende soziale, psychische und biologische Prozesse in Gang gesetzt. Über diese wird in einem selbstverstärkenden Zirkel die Bindung zwischen Säugling und Eltern weiter stabilisiert.

Hierbei spielt auch das Hormon *Oxytocin* eine besondere Rolle. Von diesem wusste man bis vor kurzem nur, dass es bei der Frau nach der Geburt das Einschießen der Milch fördert und die Gebärmutter wieder verkleinern hilft. »Wie sich (aber) inzwischen zur allgemeinen Überraschung herausgestellt hat, wird die Produktion von Oxytocin auch bei Vätern (!) nach der Geburt ihres Kindes angeschaltet. Daraufhin hat man im Rahmen größerer Untersuchungen festgestellt, dass das Gen für Oxytocin immer dann angeschaltet wird, wenn Menschen stark emotional ›besetzte‹ Bindungen eingehen, zum Beispiel sich verlieben (...). Der Effekt von Oxytocin ist, dass Verhaltensweisen verstärkt werden, welche die Bindung sichern. Insofern ist es ›sinnvoll‹, dass dieser geniale neurobiologische Mechanismus die Bindungsbereitschaft, die Zuwendung und damit auch den notwendigen Signalaustausch zwischen Mutter, Vater und Säugling unterstützt.«[7]

Menschliches Lernen ist von der Affektdifferenzierung im Säuglingsalter bis zur ethischen Reflexion in der Adoleszenz an persönliche Beziehungen gebunden. Vielfältige neurobiologische Prozesse, die die körperliche Grundlage für dieses Lernen abgeben, können nur in der dialogischen Zwischenleiblichkeit (Merleau-Ponty)[8] von Lernendem und Lehrendem ausreichend aktiviert werden. Dies gilt auch für die Fähigkeit, in komplexen Beziehungssituationen, in die mehrere Menschen gleichzeitig eingebunden sind, schnell zu erfassen, was in der Gruppe insgesamt und was zugleich auch in jedem Einzelnen jeweils vor sich geht. Auf solche komplexen Gruppensituationen treffen wir beim Kaffeeklatsch, im Schulunterricht, in der Balint-Arbeit oder auch bei der Jahreshauptversammlung des Kaninchenzüchtervereins. Unser implizites Wissen, das uns spontan ein Beziehungsgeschehen verstehen lässt, reicht aber oft nicht aus, wenn »gepokert« wird, das heißt unser Gegenüber sich willkürlich bemüht, seine ihm eigentümliche Darstellungsweise zu unterdrücken oder zu fälschen. Pokern bedeutet Abbruch der dialogischen Intersubjektivität. Dann sind wir zumindest vorübergehend auf unsere bewussten analytischen Erkenntnisfähigkeiten angewiesen. Oder wir werden wie der Torwart beim Elfmeterschießen ausgetrickst.

Die analytischen Erkenntnisfähigkeiten brauchen wir auch, wenn wir auf Menschen treffen, denen insbesondere in ihrer frühen Kindheit nur unzureichend ihre eigenen Gefühle zurückgespiegelt worden sind. Wenn wir diese Menschen fragen, wie sie etwas erlebt haben, dann antworten sie sehr oft und ziemlich schnell: »Normal«, oder auch: »Weiß nicht, keine Ahnung ...« Im Unterschied zum »Pokergesicht« können wir uns diesen Menschen aber verstehend annähern, wenn wir uns vergegenwärtigen, in welchen erzählerischen Zusammenhängen diese Unfähigkeit, die eigenen Gefühle zu lesen, sich besonders zeigt.

Wir finden diese Menschen häufiger in der ärztlichen Sprechstunde, weil sie darüber krank geworden sind, ihre Gefühle in sich hineinzustopfen, und deswegen mit sich und den Beziehungen zu ihren Mitmenschen offensichtlich nicht mehr klarkommen. Das Problem dieser Patienten besteht dann zunächst darin, dass sie einerseits eine riesengroße Sehnsucht nach einem verstehenden Dialog, andererseits auch eine große unbewusste Angst vor einer neuerlichen Enttäuschung haben.

Wenn wir hingegen auf Menschen treffen, die ausreichende Spiegelerfahrungen haben und auch nicht mit uns pokern wollen, werden wir deren Gefühle miterleben, indem in uns selbst Nervenzellennetze zum Schwingen gebracht werden, welche die Gefühle des anderen in unserem eigenen seelischen Erleben auftauchen lassen.

»Die Fähigkeit, Mitgefühl und Empathie zu empfinden, beruht darauf, dass unsere eigenen neuronalen Systeme – in den verschiedenen Emotionszentren des Gehirns – spontan und unwillkürlich in uns jene Gefühle rekonstruieren, die wir bei einem Mitmenschen wahrnehmen. Aus neurobiologischer

Sicht besteht aller Grund zu der Annahme, dass kein Apparat und keine biochemische Methode den emotionalen Zustand eines anderen Menschen jemals so erfassen und beeinflussen kann, wie es durch den Menschen selbst möglich ist.«[9] Gleichzeitig speichern wir von Kindheit an in unseren Netzwerken »interne Arbeitsmodelle, nach denen Menschen in der Welt handeln und ihre sozialen Abläufe untereinander regeln«.[10] Kurz: Aus der Intersubjektivität heraus entstehen verinnerlichte Vorbilder, die uns helfen, unsere Welt zu verstehen und darin zu bestehen.

Alle impliziten wie expliziten Lernprozesse brauchen mindestens bis zur Adoleszenz *liebevolle* Nähe, sprich Intersubjektivität. Aus dieser heraus werden handlungsleitende Vorbilder verinnerlicht. Und Vorbilder im wohlverstandenen Sinne sind wirksamer als Vorschriften. Sie können als verinnerlichte Ratgeber flexibel die unterschiedlichsten Wechselfälle des Lebens kommentieren. Starre Richtlinien können das nicht.

Kapitel X
Vorbilder statt Vorschriften

»Nicht die Erlernung der Regeln des mechanischen Denkens,
sondern der fantasievolle Umgang mit Ideen befähigt den Menschen,
neue Gedanken zu denken und vorhandene zu kritisieren,
vernünftig zu wählen und zu entscheiden.«

Hans-Ludwig Freese

Ständig wiedererscheinendes Vor-Bild im wortwörtlichen Sinne ist von Geburt an in der Regel die Mutter. Es sollte aber nicht vergessen werden, dass auch der Vater von Geburt an vorbildtauglich ist. Die Stimmen der Eltern, deren Summen und Singen wie auch deren Mimik und Gestik können sehr früh vom Kind erkannt werden. Über die Spiegelneurone laden diese zum frühen *Imitationslernen* ein.

Wird allerdings das System der kindlichen Spiegelneurone nicht oder nur unzureichend durch ein leibhaftiges Gegenüber angeregt, so verkümmert dieses System. Hierfür scheint insbesondere die gegenwärtig zunehmende Zahl sprachgestörter Schulkinder einen erschreckenden Beleg abzugeben. Aber nicht nur die Sprache, auch spätere Fähigkeiten wie zum Beispiel sich einfühlen können, das Gegenüber wertschätzen, Rücksichtnahme, Fleiß, korrektes Verhalten und viele weitere *soft skills* und Eigenschaften werden durch mangelnde frühe Aktivierung der Spiegelneurone in ihrer Entfaltung gehemmt. Es erreicht späterhin die Kinder und Jugendlichen vieles von dem nicht mehr, was Vorbilder hätten vermitteln können, wenn ein frühkindlich ausreichend aktiviertes Spiegelneuronensystem bereitgestanden hätte.

Über zahlreiche frühe Aktivitäten der Spiegelneurone werden wir grundsätzlich in die Lage versetzt, Vorbilder von der frühen Kindheit an bis ins Erwachsenenalter als »Ratgeber« in uns aufzunehmen. Mit denen können wir uns dann unabhängig von deren äußerer Gegenwart innerlich beraten. Dies aber nur, wenn unsere Vorbilder auf unserem Lebensweg selbst dialogfähig waren. Wenn wir allerdings vorwiegend Diktatoren begegnen, werden wir eben diese verinnerlichen und wahrscheinlich selber diktatorische Züge annehmen. Wir sind dann uns selbst und den Mitmenschen gegenüber nicht ausreichend dialogfähig, sondern deklamieren nur Vorschriften oder Vorschriftenähnliches.

Leider »vermehren« sich dialogunfähige Vorschriftenträger gegenwärtig schneller als diejenigen, denen ein dialogisches Lebenskonzept zu eigen ist. Dies könnte mit zwei unterschiedlichen, jedoch möglicherweise untergründig zusammenhängenden gegenwartstypischen Strömungen zu tun haben:

1. Kinder und Jugendliche, die wie die sprachgestörten Schulanfänger eine dialogisch-intersubjektive Mangelerfahrung aufweisen und damit kein differenziertes Spiegelneuronensystem entwickelt haben, sind nur eingeschränkt vorbildempfänglich. Sie brauchen dann dringend, so die Interpretation der Erwachsenen, Grenzen und Vorschriften.
2. Positive Vorbilder geraten augenscheinlich immer mehr in den Hintergrund und werden durch lärmende negative Vorbilder verdrängt:
   - Politiker und Gewerkschafter, die bestochen werden;
   - Manager, die Steuern hinterziehen;
   - Sportler mit Dopingproblemen;

- Models mit Magersucht;
- Sänger, Schauspieler mit Drogenproblemen;
- ausgebrannte, demotivierte Lehrer, die in ihrem Fach und in ihrem Unterricht keinen Sinn mehr sehen;
- Banken- und Konzernchefs, die sich selber kräftig »bedienen«, in den Arbeitnehmern aber nur »Kostenfaktoren« sehen;
- Werbefachleute, die Slogans wie »Geiz ist geil« als Superhit lancieren.

Nun könnte man angesichts dessen auch mit etwas Zynismus darüber frohlocken, dass Kinder und Jugendliche sich nicht mehr oder nur eingeschränkt mit Vorbildern identifizieren können – wenn diese sich vorwiegend als deren Negativvarianten vermitteln. Aber bei fehlender Innensteuerung entsteht ein Vakuum. Gesellschaft würde mit diesem Vakuum auf Dauer nicht mehr funktionieren, könnte in einem Chaos versinken. In diesem Dilemma erscheint es als nicht verwunderlich, dass explizite Richtlinien, Normen, Tests, Evaluationen, Qualitätsmanagement, Leitbilder, Dokumentationen und so weiter von vielen nicht nur nicht zum Teufel gewünscht, sondern sogar ausdrücklich begrüßt werden.

Auch die wohlwollende, breite publizistische Aufmerksamkeit bezüglich des Buchtitels *Lob der Disziplin*[1] könnte sich aus der Angst vor dem Chaos speisen. Hierauf kommt *Wolfgang Bergmann* in seiner lesenswerten Analyse der Argumentation in *Lob der Disziplin* zu sprechen: »Was im Unterricht als Hyperaktivität, als Dissozialität und Respektlosigkeit erscheint, hat seine komplexen Ursachen in den Umwälzungen der modernen Sozialkultur, die von den extrem beschleunigten Globalisierungen der Finanzmärkte bis zu den Veränderungen der modernen Familien und den Wirkungen einer all-präsenten

Medienkultur reichen. (...) Die Folgen für das Werteempfinden und die allgemeine Sozialmoral sind eindeutig. In allen ›Werteappellen‹ ist merkwürdigerweise nie die Rede davon, dass jedes moderne Kind angesichts der existenziellen Unsicherheit seiner Eltern erfährt, dass Tugenden wie Verlässlichkeit, Treue, gar Betriebstreue, Fleiß, gute Ausbildung, Pünktlichkeit und Höflichkeit entwertet sind. *Objektiv* entwertet, da helfen kein Werteappell und keine ›Disziplin‹. Kinder wenden sich von moralisierenden Ermahnungen, die ihre Lebenswelt und ihre Zukunft nicht erfassen, gelangweilt ab ...«[2]

Disziplinanforderungen beziehungsweise explizite Vorschriften mit Strafandrohungen bei Nichteinhalten stellen so gesehen nur den untauglichen Versuch dar, etwas an den Symptomen zu kurieren. Explizite Vorschriften können nämlich das, was wir implizit über Vorbilder an Wissen und Verhalten lebenslang erwerben, nur unzureichend ersetzen.

Vergleichbares gilt auch für den oft und inbrünstig vorgetragenen Satz, dass jemandem – meistens einem in seiner Eigensteuerung desorganisierten Kind oder Jugendlichen – »Grenzen gesetzt werden müssen«. Bis hierhin und nicht weiter! Leider wird dabei übersehen, dass das *Überschreiten* von Grenzen für den Menschen wesenseigentümlich ist und mit seiner *Entdeckerlust* zusammenhängt. Und die traurige Paradoxie der Kinder, denen Grenzen gesetzt werden sollen, besteht darin, dass sie schon viel zu oft Grenzen erlitten haben:

- Grenzen des aufmerksamen Zuhörens und des Dialoges;
- Grenzen der Ermutigung;
- Grenzen der schöpferischen Entfaltung;
- Grenzen des Verstehens;
- Grenzen der Geborgenheit;
- Grenzen der Intersubjektivität und des *moving along*.

Ein dressurmäßiges »So nicht« entmutigt, fördert Autoritätshörigkeit oder weiteren destruktiven Trotz. Geeigneter als das Grenzensetzen erscheint ein *Unterscheidungslernen*: dies nicht, aber das ja, weil ... Lernziel des Unterscheidens ist eine eigenständig reflektierte Urteilsbildung und Entscheidungsfindung. Grenzen gesetzt bekommen und akzeptieren müssen macht hingegen anfällig für Gruppierungen wie Sekten und Parteien, die immer ganz genau und ohne jeglichen Zweifel wissen, wo es längs geht. Nämlich ins Gelobte Land der (schrecklichen) Vereinfacher, der Selbstgerechten und Nie-Zweifelnden. Beunruhigende Widersprüche, Unentschiedenheiten und Vorläufigkeiten sind per Dekret in diesem Lande abgeschafft.

Aber: »Nur im zwischenmenschlichen Gespräch kann es gelingen, der Schattenhaftigkeit der beunruhigenden Gedanken lichtere und klarere Umrisse zu geben. Schon die Erfahrung, dass andere Menschen ähnliche Gedanken denken, nimmt diesen viel von ihrer Bedrohlichkeit. Die Erfahrung, dass auf fundamentale Fragen mehrere Antworten denkbar und begründbar sind, dass Menschen darüber verschiedener Ansicht sein können, wirkt befreiend. Dass es auf diese Fragen keine schlechthin sicheren und eindeutigen Antworten gibt, was nicht ausschließt, es vielmehr erforderlich macht, sich ihrer mit aller zu Gebote stehenden Rationalität anzunehmen, darin liegt die Chance des Dialogs, in dem beide Teile das gleiche Risiko einnehmen.«[3]

Der Dialog beginnt im *moving along* mit den Eltern als Spiel. Dieser intersubjektive dialogische Prozess ist mit den Grunderfahrungen von Nähe und Geborgenheit sowie wohlwollender Wahrnehmung und Anerkenntnis des jeweils eigenen Spielentwurfes verknüpft. Solche Grunderfahrungen ermöglichen uns dann auch, in den späteren Dialogen als *Diskurse* eine wertschätzende und freundliche Haltung in die *Aus-*

einander-Setzung mit einzubringen, sofern das Recht auf einen eigenen gedanklichen Entwurf zugestanden wird – unbeschadet der noch ungeklärten Zweckmäßigkeit, diesen Entwurf auch umzusetzen. Übungsfeld hierfür ist insbesondere die Pubertät.

Es handelt sich demnach bei unseren Dialogerfahrungen um einen zweiphasigen Identifizierungsprozess. In diesem machen wir uns zunächst in der spielerischen Interaktion, dann zunehmend auch diskursiv, die dialogischen Begegnungsweisen unserer Eltern, Lehrer, Lehrherren und Vorgesetzten, aber auch die unserer Freunde zu eigen, also zu unseren eigenen.

»Knackpunkt« ist bei diesem Prozess die identifikatorisch erworbene Fähigkeit, zwei unterschiedliche Entwürfe zunächst einmal nebeneinander bestehen zu lassen. Darf eine zweite Weltsicht, ein zweiter Handlungsentwurf neben meinem Verständnis bestehen – oder nicht?

Wenn »nein«, dann sind wir schnell bei der Gestalt des »Oberlehrers« und seinen Vorschriften, die auf Dauer Kreativität und Eigenmotivation abwürgen und deswegen auch Kontrollen erforderlich erscheinen lassen. Oberlehrer werden als solche aber nicht geboren, sondern werden zu diesen erst, weil auch ihre *eigenen* Entwürfe *keine* Wertschätzung fanden:

- im *moving along* und Pubertätsdiskurs;
- in dem Erleiden von Kulturministern, die eben nicht das implizite Erfahrungswissen der Schulpraktiker zu ihrem ministeriellen Ufer herüberholen wollten, sondern in ihrem PISA-Syndrom als »Oberstlehrer« eine Verordnung nach der anderen erzeugen und aus wirtschaftlichen Gründen die Unterrichtsjahre verkürzen, dabei die Schülerzahl pro Klasse drastisch erhöhen;
- in der Begegnung mit Schülern, die in einem vollmediatisierten Elternhaus kaum noch einen Dialog im *moving*

along und Diskurs erlebt haben und darüber bei späteren Anforderungen in einer destruktiven Verweigerungshaltung festgefahren sind.

Oberlehrer gibt nicht nur in der Schule, sondern auch anderenorts. Wenn zum Beispiel im *Niedersächsischen Ärzteblatt* (5/2007) bedauert wird, dass die nach Gesetzeslage ab 2006 verpflichtenden Qualitätsmanagement-Richtlinien so wenig Umsetzungsfreude bei den niedergelassenen Ärzten finden, dann stoßen wir auf die gleiche Problemlage. Zwar wird in dem Beitrag schon eingestanden, dass »die verpflichtende Einführung von Qualitätsmanagement und die Stichproben Maßnahmen (sind), die dem Gedanken und der Kultur des Qualitätsmanagements widersprechen«. Aber indem dann dennoch für das Qualitätsmanagement geworben wird, da es letztlich nicht anderes sei als »die systematische Anwendung des gesunden Menschenverstandes zur professionellen Praxisführung«, wird übersehen, dass der gesunde Menschenverstand – was immer man auch sonst darunter verstehen mag – eben nicht eine einheitliche mentale Verfasstheit von Ärzten meinen kann. Vielmehr sind es die eigenen Lebenserfahrungen, Wertschätzungen, Schwerpunkte, Fähigkeiten, kurz: die eigenen Welt- und Lebensentwürfe, die unseren jeweiligen »gesunden Menschenverstand« mit prägen.

Es gibt aber auch, was die Wertschätzung des eigenen Entwurfes angeht, ein erfreuliches Gegenbeispiel. Allerdings ist dies schon mehr als vierzig Jahre alt: Im Jahre 1968 traten erstmals die sogenannten Psychotherapie-Richtlinien in Kraft.[4] In diesen Psychotherapie-Richtlinien wurde inhaltlich festgelegt, was unter Psychotherapie zu verstehen sei und wie der Psychotherapie ausübende Arzt belegen könne, dass er sein Handeln daran orientiert. Dies war die Voraussetzung dafür, dass Psychotherapie erstmals in Deutschland als Leistung von den gesetzlichen Krankenkassen übernommen wurde und nicht mehr nur den wirtschaftlich Bessergestellten vorbehalten blieb.

Nach diesen Psychotherapie-Richtlinien ist es Aufgabe des Therapeuten[5], nach einer ausführlichen Erhebung der Vorgeschichte und fünf weiteren Therapiestunden das, was er aus der Biografie und der gesamten aktuellen seelisch-körperlichen Verfasstheit des Patienten heraus erfahren hat, in einen ersten Entwurf einzubringen. Über den Entwurf kann der Therapeut plausibel machen, wie Symptome und Lebensgeschichte des Patienten – unter gleichzeitiger kritischer Reflexion seiner eigenen Wahrnehmungen und Gefühle – zusammengehören und welche therapeutischen Vorhaben dazu passen könnten. So mühselig mitunter auch solche Psychotherapieanträge zu bearbeiten sind, so enthalten sie dennoch ein ganz wesentliches motivationales Moment: den *eigenen* Entwurf. Nicht das Eigene »an sich« steht dann bei dem Gutachter – dem der Antrag vorgelegt wird – zur Disposition, sondern die Frage, ob das Eigene zu Beginn einer Therapie eine ausreichende Plausibilität aufweist oder ob noch weitere Fragen geklärt werden müssen.

Dass bei der Planung einer Psychotherapie der eigene Entwurf, der sich aus dem Dialog mit dem Patienten ergibt, entscheidend ist, war für die Väter und Mütter der Psychotherapie-Richtlinien keine Frage. Denn in den Entwurf geht inhaltlich das mit ein, was sich aus der situativ einmaligen Beziehung zwischen Therapeut und Patient heraus zeigt (sogenannte Übertragungs-Gegenübertragungs-Dynamik). Erst späterhin wurden Forderungen immer lauter, davon unabhängig und scheinbar objektiv nur diagnoseorientiert normierte Psychotherapieverfahren zur Verbesserung der therapeutischen Qualität einzusetzen, das heißt dem Therapeuten und dem Patienten *Fremd*entwürfe aufzunötigen. Und eben das verleiht der Qualitätssicherung so oft einen faden Beigeschmack.[6]

Wie fragwürdig normierende Vorschriften nicht nur aus der Perspektive des Therapeuten, sondern auch aus der des Patienten sind, erläutert Gerald Hüther:

»Die im Gehirn (und im Körper) eines Patienten durch eine therapeutische Intervention ausgelösten Veränderungen sind in erster Linie von dessen subjektiver Bewertung des Geschehens abhängig. Deshalb kann ein und dieselbe Intervention bei zwei verschiedenen Patienten zu völlig unterschiedlichen, zum Teil sogar gegenteiligen neurobiologischen, neuroendokrinen, kardiovaskulären und sogar immunologischen Reaktionen führen. Entscheidend für die subjektive Bewertung einer therapeutischen Intervention sind einerseits die jeweiligen Vorerfahrungen des betreffenden Patienten, andererseits die Qualität der therapeutischen Beziehung. Weder das eine noch das andere ist objektivierbar. Deshalb führt jeder Versuch, die neurobiologischen Auswirkungen therapeutischer Beziehungen mit Hilfe klassischer wissenschaftlicher Methoden objektiv nachzuweisen, in ein unlösbares Dilemma: Die im Gehirn eines Patienten messbaren neurobiologischen Veränderungen werden nicht dadurch bestimmt, was der Therapeut macht, sondern, wie der Patient dieses Tun bewertet. Lösbar wird dieses Dilemma nicht durch die Entwicklung noch besserer Messinstrumente, sondern nur durch ein besseres Verständnis der Bewertungsgrundlage des betreffenden Patienten.«[7]

Weder der Entwurf des Arztes noch er selbst als »Droge« (so Michael Balint) lassen sich so aufbereiten, dass sie qualitativ und quantitativ einem genau definierten Wirkstoff entsprechen, noch kann davon ausgegangen werden, dass eine (fiktive) normierte »Droge Arzt« identische Wirkungen bei unterschiedlichen Patienten auslöst.

Wenn dann aber dennoch ein Patient im Rahmen einer Psychotherapie korrigierende emotionale Erfahrungen machen kann, ohne dabei in eine überdauernde Abhängigkeit zu geraten, dann hat das auch etwas damit zu tun, dass der Arzt/Therapeut aufgrund seiner individuellen Eigenerfahrung weiß, wie er als Droge wirken kann und wie er zugleich auch aus dieser Eigenerfahrung heraus sein eigenes implizites Beziehungswissen im therapeutischen Kontext aktualisieren kann, um es für seine therapeutischen Intuitionen im *moving along* zu nutzen. Am besten gelingt dies in der Identifikation mit dem Lehrtherapeuten im Rahmen der für jeden Therapeuten notwendigen Eigenerfahrung. Aber ebenso sind Supervisionen, Intervisionen, Fallseminare und Balintgruppen dafür geeignet. Wichtig ist dabei, inwieweit wir bereit und in der Lage sind, uns vor dem Hintergrund unserer lebenslang immer wieder möglichen *Moving-along*-Erfahrungen mit etwas zu identifizieren und es in unseren eigenen Lebensentwurf einzubauen. Ob wir dann aus einem Identifikationsprozess heraus etwas für unseren eigenen Entwurf übernehmen, indem wir es für diesen passend machen (*assimilieren*) oder nur starr kopieren können, hat wiederum mit der eingangs erörterten Frage zu tun, wie weit die Vorbilder, mit denen wir uns identifizieren, selbst auch dialogfähig waren. Und gerade in dieser Hinsicht gibt es in Deutschland den Bruch durch den Nationalsozialismus, durch den die Fähigkeit und Bereitschaft, sich zu identifizieren, in einer schrecklichen Form missbraucht worden sind und statt des Dialoges eben der Befehl über die Identifizierung weitergereicht worden ist.

Wenn wir aber heute – egal in welchen Bereichen – motivierte Menschen suchen, die intrinsisch, das heißt von innen her, gern etwas tun und nicht, weil sie innerlich oder äußerlich durch Kontrollinstanzen dazu genötigt werden oder mit Sekundärverstärkern (sprich Geld) motiviert werden, dann werden wir ohne die innere Bereitschaft, sich mit Vorbildern zu identifizieren, nicht auskommen. Wir brauchen begeisternde Vorbilder, die zur Identifikation einladen: zum Beispiel den von seinem Fach begeisterten Lehrer oder den in seinem Handwerk aufgehenden Meister, Sportler, »drogenfreie« Musiker, bildende Künstler, Buchautoren, Kindergärtnerinnen und insbesondere Mütter und Väter, die sich für das *moving along* mit ihren Kindern begeistern können und nicht nur mit diesen vor einem Medium sitzen.

Zu nennen sind in diesem Zusammenhang auch die »allgemeinen« Vorbilder, die zur Identifikation einladen wie Nelson Mandela, Mutter Theresa oder Lady Di und viele andere ... Auch wenn die wenigsten Menschen durch unmittelbar persönlichen Kontakt zu solchen Vorbildern eine Spiegelneuronenaktivität entfalten, so kann eine intensive Beschäftigung mit den genannten Persönlichkeiten im Sinne einer in der Fantasie vorgestellten Begegnung vermutlich Ähnliches wie ein Dialog von Angesicht zu Angesicht bewirken, wenn wir Letzteren ausreichend häufig real mit anderen Vorbildern erfahren haben.

Ob wir für etwas motivierbar sind, uns vielleicht sogar begeistern können, ob wir in unserem praktischen Handeln Regeln und Werthaltungen verwirklichen können, hat also etwas mit Vorbildern und Identifizierung zu tun. Dann werden wir auch Normen wie z. B. technische Normen, die für den exakten Zusammenbau von Autobremsen, Narkosegeräten und Brücken unerlässlich sind, nicht als tyrannisch, sondern als zweckmäßig erleben. Auch die dazugehörigen Kontrollen werden im

Kontext einer realistischen Selbsteinschätzung ebenso verstanden werden: Da Fehler möglich sind, müssen sie dort, wo es auf technische Präzision ankommt und sie nicht mehr korrigierbare Folgen mit sich bringen, unbedingt vermieden werden. Dieses Arbeitsmodell ist sehr wohl zu unterscheiden von dem eingangs genannten Arbeitsmodell der Beziehungsgestaltung (s. Kap. 3) zwischen Mutter und Kind. Hier sind Fehler einfach notwendig, um über deren Korrektur zu einer allmählichen Annäherung zu kommen.

Aber auch zweckmäßige Normen (z. B. als Deutsche Industrie-Normen) oder zweckmäßige Änderungen bei überflüssigen Arbeits- und Organisationsabläufen werden schneller und fehlerfreier konkretisiert und bei Bedarf modifiziert, wenn sie von identifizierungsbegabten Menschen umgesetzt werden. Identifizierung lässt sich aber nicht verordnen, sondern bedarf der wiederholten lebendigen Begegnung. Von daher erscheinen auch die in der letzten Zeit so modisch gewordenen Leitbilder, die zur Identifizierung einladen sollen, so fade und realitätsfremd, weil sie eben diesen Aspekt nicht beachten. Dies gilt insbesondere für die Begeisterungsfähigkeit und für das Verantwortungsgefühl, die identifikatorisch nicht mit bloßen expliziten Deklamationen vermittelt werden können.

Kapitel XI
Wirkungen und Nebenwirkungen von Vorschriften, Tests und Kontrollen – zum Tode einer Lehrerin

»Kam das Gespräch auf Schule, sprudelte Petra Sperfeld stets los, erzählten Cem, Ceyda und Kevin. Die dankbar sind, wenn ihnen jemand fünf Minuten zuhört, weil es zu Hause niemand tut. Und gern zur Schule kommen, weil das der einzige Ort ist, wo es etwas anderes gibt als Playstation oder Fernsehen. (...) Nadelstreifenanzug, rosa Hemd, Krawattennadel, die Haare akkurat mit Gel frisiert: Schulrat Peter Schneiderhan erinnert an einen Manager, der Betriebe saniert. So ähnlich versteht er seine Arbeit. (...) Vier Lehrer versagten in den Augen der Inspektoren. ›Minderleister‹ nennt man sie im Essener Schulamt. (...) Und Frau Sperfeld? ›Tragisch, dass die Frau sich alles so zu Herzen genommen hat‹, sagt Schneiderhan. Lehrer brauchen eben ein dickes Fell, (...). ›Ich habe mir nichts vorzuwerfen, weder fachlich noch menschlich‹, sagt Schneiderhan.«

Ende einer Dienstzeit
Martin Spiewak in DIE ZEIT Nr. 7, 8. Februar 2007

Als ich in der ZEIT den Bericht zum »Ende einer Dienstzeit«, nämlich der der Lehrerin Petra Sperfeld[1] las, dachte ich an die Lehrerinnen und Lehrer, die in den letzten dreißig Jahren zu mir als Patienten in das Krankenhaus gekommen waren. Viele von ihnen waren eben keine »faulen Säcke« oder »Minderleister«, sondern hochengagierte, feinfühlige Menschen – ungefähr so, wie Petra Sperfeld in dem ZEIT-Bericht geschildert wird. Auch in ihrer Verletzbarkeit ähnelten sie dieser: Irgendein Anlass führt dazu, dass sich Eltern oder Schulbehörde, manchmal auch beide Parteien zusammen, auf bislang bewährte Lehrerinnen oder Lehrer einschießen.[2] Diese geraten unter Druck und bekommen Angst. Angst blockiert aber insbesondere die Spiegelneurone, die die intuitive Sicherheit der Lehrerinnen und Lehrer in der komplexen Unterrichtssituation gewährleisten.

Petra Sperfeld hatte, dem ZEIT-Bericht zufolge, keine eigene Familie. Ihre Familie war ihre Schule. Diese war auch, wenn man so will, ihre ökologische Nische, Ort ihrer gelebten Intersubjektivität. Und hier leistete sie Hervorragendes.

Aufgrund der vorausgegangenen Auseinandersetzungen, in denen das Lehrerkollegium sich dagegen gewehrt hatte, in seinem Tun durch eine Kurzevaluation bewertet zu werden, hatte sich offensichtlich eine Front aufgebaut, die es beiden Seiten verunmöglichte, in einen Dialog zu treten. Vermutlich hatte sich das Kollegium auch in einer ängstlichen Erwartungshaltung eingebunkert, die dann durch das Auftreten der Schulbehörde als Inquisitionsbehörde voll bedient wurde. Hier ging es nicht mehr um hilfreiche Rückmeldungen im Kontext der Evaluation, sondern nur noch um Sieg oder Niederlage. So wurde der *Besuch* bei Petra Sperfeld von dieser auch als traumatogen vorweggenommen. Denn für sie stand alles auf dem Spiel. Ihr Lebensinhalt und -sinn, ihre Familie ...

Petra Sperfeld hatte vor der Vorführstunde, so heißt es in dem ZEIT-Bericht, große Angst. Sie habe sich in der Unterrichtsstunde nervös präsentiert. Die Stimmung sei von Beginn an gereizt gewesen. Auch den Kindern sei die Anspannung nicht verborgen geblieben. Ein Junge sei ausgetickt, habe sich nicht beruhigen lassen, woraufhin die Lehrerin barsch wurde, was ihr dann ein verheerendes Urteil der Aufsichtsbeamten eintrug. Insbesondere traf Petra Sperfeld das Urteil, dass »jede Sympathie mit den Kindern vermisst worden sei«.

Bei Petra Sperfeld mehrten sich dann aufgrund der zunehmenden Angstblockierung der Spiegelneurone insbesondere bei weiteren Unterrichtskontrollen die Patzer. Diese wurden selbstverständlich wieder gegen die Lehrerin verwendet. Am Ende stand dann der Zusammenbruch, der Tod.

Wenn es zutrifft, dass Petra Sperfeld an einer Lungenembolie oder einem Herzinfarkt verstorben ist, dann kann – unbeschadet aller gebotenen Zurückhaltung bei Ferndiagnosen – schon vermutet werden, dass aufgrund der erhöhten Blutgerinnungstendenz unter Stress die Situation am Arbeitsplatz ihren Tod mitverursacht hat. Voraus ging eine psychosoziale Folter. Petra Sperfeld wurde als *Minderleisterin* eingestuft. Ein fataler Begriff, der bestenfalls mangelnde Sprachsensibilität, schlimmstenfalls faschistische Denk- und Handlungsmuster vermuten lässt: Minderwertige, die nichts leisten, sollen auch nicht essen. Und nur wir bestimmen, wer minderwertig ist oder nicht. Und da fügt sich auch widerspruchslos die Tendenz ein, endlich mal gründlich aufzuräumen und ein Exempel zu statuieren.

Hier wird wertschätzende Intersubjektivität, die in dem komplexen System Schule von allen daran Beteiligten bedacht werden sollte, nicht nur aufgrund der Objektivierungsideologie beschädigt, sondern auch durch einen impliziten Sadismus. Die preußische Kadettenzuchtanstalt lässt grüßen …

Es muss befürchtet werden, dass jede Schulreform, die nicht die Beziehung zwischen Lehrern, Schülern, Eltern und Schulaufsichtsbehörden bedenkt, Stückwerk bleiben muss. Eben weil Unterricht ganz viel mit Intersubjektivität und implizitem Beziehungswissen zu tun hat. Allerdings entzieht sich dieses einer weitreichenden Objektivierung und damit auch einer entsprechenden Kontrollierbarkeit. Und eben diese Unkontrollierbarkeit scheint mancherorts das Motiv dafür abzugeben, damit gründlich aufzuräumen zu wollen.

An dieser Stelle lohnt es sich, nach Finnland zu schauen. Der Leitgedanke der finnischen Gemeinschaftsschulreform 1970 lautet: *Ein Schüler kann nur gut lernen, wenn er sich wohlfühlt.* Aber nicht erst mit dieser Schulreform wurde die Sorge um das Wohlbefinden von Kindern in Finnland zum Thema gemacht. Sie hat dort eine lange Tradition. Schulgesundheitspflege wurde ab 1904 realisiert, 1914 wurde körperliche Züchtigung verboten, und tägliche warme Schulmahlzeiten gab es seit 1948.

Schule wurde und wird von vielen Finnen vor dem Hintergrund ihrer Geschichte – erst Zugehörigkeit zu Schweden, dann bis 1917 zu Russland – als Kristallisationspunkt nationaler Identität verstanden. Auch von daher genießen Schule und Lehrerberuf ein hohes Ansehen. Auf 1300 jährlich zur Verfügung stehende Studienplätze für Grundschullehrer gibt es 8000 Bewerbungen. (Die Besoldung liegt mit 2200 Euro monatlich deutlich unter der in der Bundesrepublik.) Bei dem Auswahlverfahren zählen insbesondere die personengebundenen Eigenschaften wie Intersubjektivität und Fähigkeit zur wertschätzenden Wahrnehmung. Dem schöpferischen Gestalten, dem Singen und Musizieren ohne Leistungsdruck kommt eine große Bedeutung zu. Schulnoten gibt es in den ersten sieben Schuljahren nicht.

Das Geheimnis des »finnischen Erfolges« besteht darin, dass dieser durch einen Lernbegriff fundiert ist, der auch Emotionen und somit Beziehungen als einen »Türöffner« für Lernprozesse integriert.[3] Intersubjektivität im Sinne einer wechselseitigen wohlwollenden Wahrnehmung in der Schule war auch ein wichtiges Thema des Internationalen Kongresses zur Jugendgesundheit im Juni 2007 in Tampere.[4]

Lernlust als Teilaspekt eines spontanen und aktiven *Explorationsverhaltens* resultiert aus Bindungssicherheit sprich positiven Beziehungen zu einer oder mehreren Bezugspersonen. Dies hat die Bindungsforschung der letzten Jahrzehnte eindrucksvoll nachweisen können.[5] Gerade für Kinder aus Elternhäusern mit problematischen Bindungsstilen in Form von Vernachlässigung oder Übergriffigkeit könnte die Begegnung mit feinfühligen Lehrerinnen oder Lehrern eine korrigierende Erfahrung ermöglichen. Über diese könnte sich dann auch eigenmotivierte Lernlust entfalten: Wenn mir in einer Beziehung ein sicherer Ort ermöglicht wird, an dem ich mich gut aufgehoben und getröstet weiß, kann ich mich auch aus eigenem Antrieb heraus in unbekanntes Terrain wagen, mich auf eine Expedition in einen unbekannten Kontinent einlassen. Idealtypisch läuft dies von frühester Kindheit an in einer Aufgabenteilung zwischen Mutter und Vater ab. Die Mutter gewährleistet die emotionale Sicherheit und den Trost in kritischen Augenblicken, ohne das Kind dabei zu vereinnahmen, der Vater bedient das Bedürfnis »nach spielerisch-explorierendem Erkunden sowie nach angemessener und prompter Rückmeldung«.[6]

Lehrerinnen und Lehrer können insbesondere in den schöpferischen Fächern, aber auch mit gewissen Einschränkungen in den »Paukfächern«, diese mütterliche und väterliche Bindungsfunktion mit übernehmen. Am meisten profitieren davon die Kinder, die in ihrem bisherigem Entwicklungsverlauf nur wenige Augenblicke *gemeinsamer Aufmerksamkeit* zusammen mit ihren Eltern erlebt oder vorwiegend nötigende Einmischung erlitten haben.[7]

Die Schülerinnen und Schüler von Petra Sperfeld, dies verdeutlicht der ZEIT-Bericht, haben bei ihrer Lehrerin wohl genau diese annehmende und ermutigende Bindung erfahren. Es waren für sie Augenblicke der Begegnung, die unter Druck der Schulinspektoren unter die Räder gerieten.

Kapitel XII
Caritas

»Tötungsserien in Krankenhäuser und Heimen.
Morden gegen das Leiden.
Patiententötungen haben vielfältige Ursachen. Nicht zuletzt verweisen sie auf die Unfähigkeit einer Gesellschaft, den Umgang mit Sterben und Tod zu einer selbstverständlichen Gemeinschaftsaufgabe zu machen.«

Karl H. Beine in: Deutsches Ärzteblatt,
27. August 2007

Gefährliche Mängel in der Pflege. Jeder Dritte bekommt zu wenig zu essen und zu trinken – Schmidt plant Kommission.

Neue Osnabrücker Zeitung
vom 1. September 2007

Der Spätsommer 2007 war kalt. Aber nicht deswegen befiel mich ein Frösteln, als ich die Zeitungsberichte zu den Patiententötungen und den Missständen in Pflegeheimen las.
Der laute Ruf nach Vorschriften, Kontrollen und Strafen im Kontext dieser Berichte war durchaus nachvollziehbar. Aber die wenigsten fragten nach den Motiven eines solchen Handelns und dem gesellschaftlichen Hintergrund, vor dem so etwas möglich ist.

Warum bedarf es der Kontrolle und Strafen? Warum gelingt es nicht, spontan schwachen, alten und kranken Menschen gegenüber liebevoll-barmherzig zu sein und damit dem vielzitierten, Winston Churchill zugeschriebenen Satz gerecht zu werden, dass der Stand der Kultur eines Volkes sich darin zeige, wie es mit seinen Alten umgeht?

Deutlich wurde mir beim Lesen der Berichte zunächst eine große innerliche Distanz der Pflegenden zu den anbefohlenen Menschen. Und hierfür ließe sich schon nach Gründen fahnden.

Die Pflegenden, so eine durchaus plausible Annahme, leiden selber, weil sie sich überfordert und ausgenutzt fühlen, ihren Arbeitsplatz aber aus Angst, keine neue Arbeit zu finden, nicht wechseln wollen. Mit der chronischen Überforderung und dem damit einhergehenden eigenen Leiden wächst die Gleichgültigkeit gegenüber den Alten und Kranken. Barmherzigkeit und liebevolle Zuwendungsbereitschaft gegenüber alten, gebrechlichen und in ihrem Erscheinungsbild scheinbar so wenig attraktiven Menschen sind verschleißbar. Die Gründe hierfür sind vielfältig. Das Wechseln prallgefüllter Windeln wird beim Säugling meistens von Lachen und Wohlwollen begleitet, beim alten Menschen hingegen von Ekel oder abgewehrtem Ekel. Und Abwehr kostet viel Kraft. Der Säugling aktiviert bei den meisten allein schon durch seine Physiognomie liebevolle Zuwendungsbereitschaft und Pflegeverhalten. Hierbei handelt es sich weitgehend um angeborene Verhaltensmuster. Beim alten Menschen ist das leider nicht so. Hinzu kommt in der metaphysischen Obdachlosigkeit unserer Gegenwart, dass das Alter und der Tod mit unserem eigenen definitiven Ende und nicht mit dem Paradies zusammengedacht werden. Und auch dies bedeutet Abwehr und kostet Kraft.

Der *aktive* Tötungsimpuls kann damit allerdings nicht erklärt werden. Denn die Tötungen geschahen da, »wo die Belastung als durchschnittlich oder sogar als unterdurchschnittlich eingeschätzt wurde«.[1] Die Täter schaffen es offensichtlich nicht, mit einer von ihnen subjektiv als belastend erlebten Situation auf eine reife Weise umzugehen. Wobei eben diese belastende Situation sich nicht allein aus den Anforderungen am Arbeitsplatz heraus erklärt, sondern auch etwas mit der vorher schon bestehenden seelischen Verfasstheit der Täter zu tun haben muss.

Auch aus *Mitleid* als alleinigem Motiv kann man in Pflegeheimen und Krankenhäusern nicht töten. »Denn Mitleid bedeutet nichts anderes, als im Mit-Leiden das Leiden des anderen mitzutragen. Man nimmt mitfühlend Anteil, nimmt damit einen Teil des fremden Leidens auf sich. Was aber geschieht in einer Täterin, die tötet, weil sie die Qual eines Patienten nicht länger innerlich mittragen kann? Sie handelt gerade nicht aus Mitleid, sondern weil sie diesem (Leid, E. S.) nicht gewachsen ist.«[2]

Es ist insbesondere der Hospiz-Bewegung zu verdanken, dass sie das, was Mitleid bedeutet, durch ihr Reden und Handeln sehr klar gemacht hat und von ideologischen Verbiegungen des Begriffes wie »Euthanasie« wieder hat unterscheidbar werden lassen. Darüber hinaus verdeutlicht das *Salutogenesekonzept* (Konzept zur Gesundheitsentstehung) von Aaron Antonovsky, dass auch den Schwerstkranken und Sterbenden, solange noch Leben in ihnen ist, Momente von Gesundheit gegeben sind. Über diese können wir korrespondieren, indem wir zum Beispiel etwas vorsingen.

Krankheit, Behinderung, chronisches Leiden, Sterben und schließlich der Tod werden allerdings weitgehend aus unserem Bewusstsein verbannt und zur »Abwicklung« an spezialisierte Einrichtungen, das heißt Heime und Krankenhäuser, delegiert. Von deren Mitarbeiterinnen und Mitarbeitern wird Mitgefühl, Geduld und Liebe im Umgang mit leidenden und sterbenden

Menschen gefordert. Aber: »Die Reduzierung der öffentlichen Diskussion über den Gesundheits- und Sozialbereich auf die Rationalisierungsreserven und die Kosten hat zwangsläufig die Entwertung von Patienten und Bewohnern, aber auch von Mitarbeitern in den Einrichtungen zur Folge.«[3] Und diese ständige Entwertung kann im Zusammentreffen mit einer eigenen, schon vorbestehenden Selbstwertproblematik zu der Distanzierung führen, auf deren Boden dann auch Misshandlung und Tötung möglich werden.

Mit beklemmender Präzision hat *Volkmar Sigusch* diesen Entwertungs- und Distanzierungsvorgang beispielhaft für die zeitgenössische Auffassung von Sexualität beschrieben. Indem die Menschen immer mehr auf ihre ökonomische Funktion reduziert wahrgenommen werden, nämlich als Kunden, Konsumenten, Kostenfaktoren, Dienstleistungserbringer, Steuerzahler, Krankengeld- und Rentenempfänger, werden diese zunehmend als *Funktionsträger* eingestuft: Die *Funktion* rückt dabei immer mehr in den Vordergrund, der *Träger* wird wie eine Verpackung oder Tüte behandelt, wenn deren Inhalt entnommen worden ist.[4] Die Menschen werden begrifflich und funktional den Kapitalbewegungen angepasst. Und die Kapitalbeweger haben kein Interesse an fürsorglichen Beziehungen. Denn diese stören höchstens, wenn es darum geht, mit weiteren Entlassungen trotz üppiger Gewinne den Aktienkurs noch weiter nach oben zu treiben.

Diese weitgehende Gleichgültigkeit gegenüber Beziehungen (mit Ausnahme der Beziehung zwischen Schuldner und Gläubiger) hat einerseits eine bunte, sich immer mehr ausbreitende *Mannigfaltigkeit von Sexualitäten* jenseits der Normen des 20. Jahrhunderts freigesetzt, andererseits Geborgenheit, partnerschaftliche Liebe und Intimbeziehungen zu *Werten* gemacht, die wie an einer *Beziehungsbörse* gehandelt werden können und von denen man nicht sagen kann, wie lange man sie, vergleichbar mit Aktien, hält.

Die Sprache des gleich nachfolgenden Textes verdeutlicht, wie Geld auch eine andere Ebene der Liebe (lat. caritas), nämlich der Caritas im Sinne der pflegerisch-ärztlichen Nächstenliebe, beeinflusst.

In diesem Text wird für die sogenannten *Disease-Management-Programme* (DMP) geworben. Bei diesen geht es um streng standardisierte Behandlungsprogramme bei chronischen Krankheiten.[5]

Krankenkassen, die ihre Mitglieder überzeugen können, sich an einem Disease-Management-Programm zu beteiligen, bekommen die dafür anfallenden Kosten aus dem – Kassenarten übergreifenden – »großen Topf Risikoausgleich« erstattet. Es profitieren von den Disease-Management-Programmen daher insbesondere solche Kassen, die möglichst viele Mitglieder mobilisieren können, an diesen Programmen teilzunehmen. Aber auch die Ärzte werden mit wirtschaftlichen und »Qualitätsargumenten« umworben, sich für die DMP stark zu machen. Hier nun der Text mit seiner verräterischen Sprache (Hervorhebung durch E. S.) aus dem Hartmannbund-Magazin 4/2002 (in dem die Disease-Management-Programme aber durchaus kontrovers diskutiert wurden):

- »Qualitätsmanagement: Sowohl die *Konsumenten* als auch die *Einkäufer* erwarten hohe Qualität der Versorgung bei angemessenem *Preis*. Der Behandlungsprozess soll *effizient* gestaltet werden. *Leistungskriterien* und Ziele werden mit *Leistungserbringern* vereinbart.
- Abrechnungsmanagement: Prüfung bei diagnosebezogenen *Fallpauschalen*, ob nicht ›*höherwertige*‹ medizinische Sachverhalte *vorgetäuscht* werden. Analyse von Behand-

lungs- und *Abrechnungsmustern* in einem bestimmten *Abrechnungszeitraum* im Vergleich zu anderen *Leistungsanbietern.*

- Erforderlich sind Qualitätsprogramme zur Transparenz, Nutzung von akzeptierten Behandlungsrichtlinien, *finanzielle Anreize*, aber auch *Sanktionen.*
- *Anreize* für Versicherte sollte es über *Zuzahlungen* und *Selbstbehalte* geben.«

Diese Sprache hat viel Ähnlichkeit mit der, die aus dem Institut zur Qualitätsentwicklung im Bildungswesen (s. Kap. VIII) kommt. Es ist nicht nur eine sachliche Sprache, sondern eine Sprache, die die von ihr beschriebenen Menschen auf ihre (in dem Fall ökonomischen) Funktionen reduziert und die *Funktionsträger* zu Sachen macht, deren Rohstoffe entweder entsorgt oder recycelt werden können. Und dann sind es auf Dauer eben keine Menschen, die beschädigt oder getötet werden, sondern bloß etwas Stoffliches, was keine ökonomisch bedeutsame Funktion mehr hat. Übertrieben? Leider nicht.

In einer im Jahre 2006 in der renommierten Wissenschaftszeitschrift *Science* veröffentlichten experimentellen Untersuchungsreihe zeigten sich Ergebnisse, die die eben beschriebenen Annahmen voll und ganz bestätigen: In den Experimenten ging es darum, die Hilfsbereitschaft und das Sozialverhalten von Versuchspersonen zu testen. Von diesen hatte der eine Teil sich vorher intensiv mit Geld beschäftigt, die anderen mit nicht-ökonomischen Aufgaben. Diejenigen, die sich vorher intensiv mit Geld beschäftigt hatten, zeigten sich in der nachfolgenden Experimentalsituation deutlich weniger hilfsbereit und waren deutlich weniger gesellig als die Vergleichsgruppe. Und das nach nur Minuten andauernden Beeinflussungszeiten![6]

Werden Begriffe und Denkweisen wie in dem oben angeführten Text verinnerlicht, kann dies zu einer doppelten Distanzierung führen. Einmal durch die Dominanz des Ökonomischen und dann auch durch das Regulieren und Kontrollieren einer primär fürsorglich und damit auch spontan gestalteten Beziehung.

Dies zeigt sich auch in den Denkweisen derer, die nur noch mit der Organisation von Krankenversorgung zum Zwecke der Kostenreduzierung zu tun haben und nicht mehr mit konkreten Patienten. So kritisierte die Bundesärztekammer den »Krankenhaus-Report 2007«, der vom Wissenschaftlichen Institut der AOK mit Beiträgen aus dem Gesundheitsministerium sowie der AOK herausgegeben wurde, in folgender Weise: »Der Wunderglaube der Krankenkassen an die Wirkungen des Preiswettbewerbs folgt einem völlig falschen Leitbild, nämlich der Devise: Hauptsache billig, möglichst sogar Massenproduktion gesundheitlicher Dienstleistungen mit industriellen Prozessabläufen.«[7]

Und wer dadurch als Helfer unter Spannung gerät, kann krank werden. So wie die Ärzte in den Vereinigten Staaten von Amerika, denen deutlich häufiger die DMP aufgenötigt werden und die auch deutlich häufiger an einem Burn-out-Syndrom leiden. Und bei einer entsprechenden psychischen Verfasstheit kann diese Spannung auch Vernachlässigung und Destruktion zur Folge haben.

Was tun? Noch mehr Kontrolle und Regieanweisungen? Wohl kaum. Gibt es denn ein Patentrezept dagegen? Leider nicht. Aber: Wir sollten uns daran erinnern, wie Beziehung entsteht, nämlich im spontanen *moving along* des spielerisch-dialogischen Miteinanders von Mutter und Kind. Singen und Tanzen im Pflegeheim finden, wenn denn überhaupt, einmal in der Woche am Sonntag zwischen fünfzehn und sechzehn

Uhr statt. Zur Pflege der pflegerischen Beziehung könnten sich zum Beispiel spontane gesanglich-tänzerische Aktivitäten zu einem *moment of meeting* entfalten. *Momente der Begegnung* zur Distanzverringerung: Dies gelingt im Alter dann umso besser, je mehr wir für diese Momente der Begegnung nicht nur in den frühesten Lebensjahren Freiräume vorsehen, sondern auch im Kontext eines spontanen, intuitiv gestalteten Geschehens im Kindergarten und in der Schule. Ebenso im familiären Alltag, indem ein paar Minuten mehr vom täglichen Medienkonsum dafür abgezwackt werden! Grundsätzlich sind alle Formen des spielerischen Dialoges von Angesicht zu Angesicht hierfür geeignet.

Kapitel XIII
Über den Augenblick hinaus

»... Fahrradfahren: Es funktioniert nur in Bewegung,
im Stillstand fiele man auf die eine oder andere Seite.
Und es lebt von dem subtilen, vom Bewusstsein nicht steuerbaren Pendeln
um einen Schwerpunkt, welches absolut notwendig ist, wie jeder weiß,
der schon mal mit dem Reifen in Straßenbahnschienen geraten ist. (...)
eine zu strikte Festlegung, die keine Korrekturen erlaubt,
funktioniert nicht. Vorgaben sind
wenig wert, die Erfahrung macht's.«

Sönke Ahrens, 2006

Die junge Mutter vor mir war verzweifelt, hatte Tränen in den Augen. In ihren Armen hielt sie ihr Kind. Das kuschelte sich wieder an sie, obgleich es kurz zuvor noch von ihr geschlagen worden war. Das Problem der jungen Mutter: Wenn ihr Kind sich anderen Erwachsenen gegenüber nicht schnell und ausreichend genug brav zeigte, dann konnte sie »ausrasten« und zuschlagen. Deswegen war sie auch zusammen mit ihrem Kind bei uns stationär aufgenommen worden. Und nun »war es wieder passiert«. Im therapeutischen Team war zuvor schon eine heftige Diskussion entbrannt. »Können wir so etwas durchgehen lassen, sollte nicht erst die Mutter alleine behandelt und das Kind wieder zu dem Vater geschickt werden?« Der väterlich engagierte federführende ärztliche Einzeltherapeut hatte hingegen für ein Verbleiben des Kindes plädiert. Die Mutter habe sich in den Einzelgesprächen glaubhaft von der zuvor trotzig vertretenen Ansicht distanzieren können, nämlich dass ihr die Prügel, die sie selber in der Kindheit von ihrer Mutter bezogen habe, ja auch nicht geschadet hätten. Und: Einen Vater, der sie hätte beschützen können, habe es auch damals nicht gegeben. Denn dieser habe sich gleich nach ihrer Geburt auf und davon gemacht.

Dieser eigenen Mutterbedrohung und Vaterverlassenheit hatte sich die junge Mutter im Rahmen der Einzelgespräche vorsichtig nähern und dabei selber Trauer und Tränen zeigen können. Zugleich färbte die väterliche Gelassenheit des Therapeuten im gemeinsamen Spiel mit Mutter und Kind auf beide ab. Und die Mutter konnte im *moving along* der musiktherapeutischen Dialoge, über die sie mit ihrem Kind Klänge austauschte, dessen *Antlitzhaftigkeit* erkennen. Eben darüber werden Aggressions*hemmungen* aktiviert. Das Gleiche galt für das Miteinander in der Gestaltungstherapie, in der aus Blättern, Eicheln und Kastanien ausgesprochen lustige Tierfiguren entstanden, zu denen es dann auch kurze Geschichten gab. Das gemeinsame Gestalten ermöglichte für Mutter und Kind nicht nur eine intensive wechselseitige Wahrnehmung, sondern darüber hinaus für beide auch eine Wandlung vom erleidenden Objekt zum selbstgestaltenden Subjekt.

Und nun war dennoch – in einer sehr schwierigen Situation, in der das Kind von anderen gerügt worden war – der Rückfall passiert. Deswegen war ich abends noch als Abteilungschef in das Krankenhaus gerufen worden. Über den Vorgang war ich kurz informiert worden, bevor ich Mutter und Kind auf ihrem Zimmer besuchte. Als die junge Mutter mir den aktuellen Vorgang selbst schildern wollte und dabei vermittelte, wie verzweifelt sie darüber war, dass es »wieder passiert« war, hatte ich innerlich ein kleines, weinendes Mädchen, das gerade geschlagen worden war und sich nun allein in seinem Zimmer befand, vor Augen. Dieses Kind durfte eigentlich nicht noch mehr bestraft werden. Ich sagte ihr daher, dass sie den entscheidenen Schritt für eine Veränderung doch schon getan habe, indem ihr in der Einzeltherapie klargeworden sei, dass ihr vordem trotzig vorgetragenes »Mir haben die Prügel meiner Mutter auch nicht geschadet« nicht stimmen könne. Diese Erkenntnis sei entscheidend und ebenso ihr *Bemühen,* etwas zu ändern. Und dabei wollten wir ihr wohl gerne helfen. Ich sei auch nur gekommen, um ihr und ihrem Kind eine gute Nacht zu wünschen. Ich verabschiedete mich und strich dabei ihrem Kind sacht über den Haarschopf und – zwar nur andeutungsweise, aber dennoch gegen jegliche Abstinenzregel – auch ihr. In diesem Augenblick lächelten Mutter und Kind beide. Späterhin erzählte die junge Mutter, wie wichtig es für ihren therapeutischen Weg gewesen sei, in diesem Augenblick nicht verurteilt, sondern getröstet und ermutigt worden zu sein – »und das vom Chef«.

In vielen Alltagssituationen, insbesondere auch in der Pädagogik und Medizin, zeigt sich immer wieder eine knifflige Paradoxie. Nämlich zu mehr Freiheit verhelfen zu wollen und dabei gleichzeitig Druck beziehungsweise Zwang ausüben zu müssen.

Es gibt die Schul*pflicht* und Schul*ordnungen* für Kinder und Jugendliche, um ihnen mehr Freiheit für die spätere Lebensentfaltung zu ermöglichen. In der Psychotherapie, insbesondere als Behandlung im Krankenhaus, gibt es Regeln und Pflichten – wie zum Beispiel Gewalt- und Alkoholverzicht –, die eingehalten werden müssen, um dem Patienten mehr innere Freiheit zu ermöglichen. Unverhofft werden wir immer wieder mit dieser Paradoxie konfrontiert, auch wenn wir wissen, dass ein Regel- oder Richtlinienwerk nicht automatisch weiterhilft. Dazu sind die Augenblicke, in denen sich vor dem Hintergrund dieser Paradoxie Menschen begegnen und »irgendwie verhalten müssen«, zu unterschiedlich. Mein Verhalten dieser jungen Mutter gegenüber, das sich intuitiv ergab – und, wie sich späterhin zeigte, auch sinnvoll war –, hätte in einer anderen Situation oder einem anderen Menschen gegenüber nicht hilfreich sein können.

Michael Balint nennt solche Interventionen, die sich aus einer Fünf-Minuten-Begegnung heraus ergeben können, *flash*: »Die ›Flash-Methode‹ besteht darin, dass aufgrund eines tiefen Einvernehmens zwischen Patient und Arzt der Arzt die Mitteilungen des Patienten so beantwortet, dass dieser sich ganz verstanden fühlt, wobei ›die gewöhnliche Bewertung der Worte nur eine untergeordnete Bedeutung‹ hat. Es handelt sich also hier um eine sowohl verbale wie averbale Kommunikation. Ein wichtiger Punkt ist dabei ferner, dass der Arzt, wie Balint sagt, nicht die Rolle des ›Detektivs‹ spielt, also ständig bohrende Fragen stellt, um irgendwelche verborgene Konflikte oder bisher unbekannte anamnestische Daten zu eruieren.«[1] »Erfunden« und erprobt wurde die Flash-Methode erstmals von Michael Balint und seinen Mitarbeitern für niedergelassene Ärzte, um diesen in den gewöhnlich nur kurzen Kontakten mit ihren Patienten während der ärztlichen Sprechstunde ein tieferes Verstehen zu ermöglichen. Grundsätzlich ist die Flash-Methode aber überall da anwendbar, wo es bei begrenzten zeitlichen Möglichkeiten um das Wahrnehmen und Verstehen eines Menschen geht.

Der »Flash-Augenblick« ist aber kein ausschließlich isoliert betrachtbares Ereignis, sondern ist sowohl in die Vor-Geschichten der daran Beteiligten als auch in deren Folgebegegnungen eingebunden. Die Nicht-Beliebigkeit der Augenblicks-Intuition in paradoxienahen oder unübersichtlichen Konstellationen ergibt sich aus dem Kontext der daran beteiligten Lebensgeschichten, deren Sinn-Horizonte in diesem Augenblick sich einander nähern, gegebenenfalls auch verschränken können. Über den Flash werden vorrangig nicht – mit Worten – Inhalte explizit gemacht, sondern das Entscheidende der Intuition ist, dass sie ein basales Verstehen vermittelt. Und zwar ein Verstehen ohne vorgängiges Verhör. Was in dem Fall unserer jungen Mutter aber nicht bedeutet, dass alles akzeptiert wurde. Vielmehr wurde Hilfe bei der Selbstbefreiung aus den biografischen Fesseln und den damit verbundenen problematischen Symptomen der Patientin aufgezeigt. Zum Beispiel darüber, dass wir der Mutter im gemeinsamen Spiel mit ihrem Kind ermöglichten, Letzteres umfassend, insbesondere aber in seiner Antlitzhaftigkeit wahrzunehmen.

Der Flash erweist sich als verbindliche und fürsorgliche Intuition über den Augenblick hinaus. Von seinem inneren Aufbau und von seiner Dynamik her hat der Flash viel Ähnlichkeit mit dem *moment of meeting* aus dem spielerischen Geschehen heraus, dem *moving along* zwischen Mutter und Kind. Von daher ist es gar nicht so schwierig, den Flash auch außerhalb von therapeutischen Interventionen in unser Alltagsleben »einzubauen«. So zum Beispiel, als im ersten Schuljahr die Kinder erstmals ein großes Bild mit Ölkreide malten.

Das Thema war *Igel im Herbst*. Als Devise galt nur, der Igel solle so groß gemalt werden, dass man ihn von weitem erkennen könne, und jeder sollte seinen *eigenen* Igel malen und nicht den des Nachbarn nachmalen. Einige Schülerinnen und Schüler machten sich gleich mit Mut und Energie daran, mit ihrer Ölkreide einen Igel aufs Papier zu bringen, andere eher vorsichtig-zögerlich.

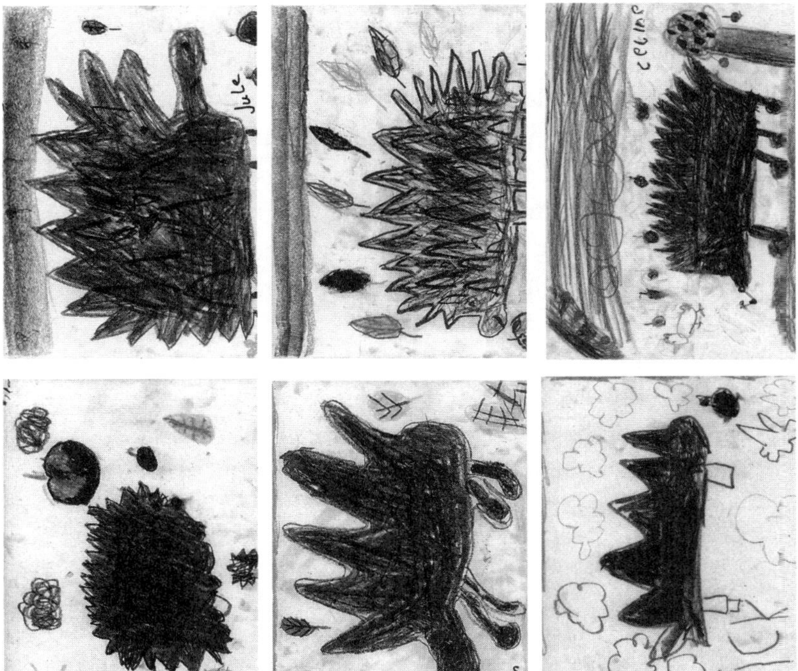
Jule
Marleen
NICK
Baris

Große Überraschung dann bei den Schülerinnen und Schülern, als am nächsten Morgen ihre Malblöcke mit den Igelbildern auf dem Tafelrand standen. »Wollen wir uns mal das ansehen, was ihr gestern gemalt habt?«, fragte die Lehrerin. »Ja, gerne!« Die Lehrerin las den Namen des Kindes vor, der jeweils *vorn* auf dem Bild draufstand. Dann äußerte sie sich kurz zu jedem Bild, fragte zwischendurch auch die Kinder zu Einzelheiten des Bildes. Jedes Bild wurde gewissermaßen nach der Flash-Methode wahrgenommen:

Obere Reihe, links: »Bei diesem Herbststurm muss ich den Igel erst mal suchen. Ach ja, da sehe ich ja schon die Stacheln in der Mitte vom Bild. Und wo ist der Kopf?« Das Kind verweist auf die Augen und Nasen in der linken Bildhälfte. »Und was ist das da unten in der Ecke?« »Das ist die Höhle und da liegt auch schon Futter für den Igel ...«

Mittlere Reihe, linkes Bild: »Das ist ja ein dicker, runder Igel! Ich glaube, er ist für den Winter gerüstet. Der braucht nicht mehr viel zu essen!« »Ja, nur noch die Birne.«

Mittlere Reihe, rechtes Bild: »Dieser Igel freut sich auch über den Apfel. Er ist schon schön dick. Jonas hat den Igel ganz anders gemalt als zum Beispiel Leonard.« Andere Kinder dazu: »Leonard hat die Ölkreide doll gedrückt, darum ist das Braun so dunkel. Jonas hat dünn gemalt und dann die Stacheln drüber.«

Untere Reihe, linkes Bild: »Dieser Igel hat sich schon richtig dick und rund gefuttert. Er sucht sich, wenn er die beiden Äpfel gefressen hat, sicherlich seinen Schlafplatz unter einem Asthaufen. Stimmt das so?« »Ja! Siehst du auch unter ihm das Wasser und das Dosenfutter, das ich ihm hingestellt habe? Wie du uns das von Frau H. (Kollegin) erzählt hast. Und die Beine sind schon ganz lang, weil er gleich losläuft.«

Untere Reihe, mittleres Bild: »Dieser Igel ist noch ganz

schmal. Er muss sich noch viel zum Fressen suchen. Aber er hat ja noch Zeit. Das Wetter ist gut, die Sonne scheint und es gibt noch keinen kalten Herbststurm ..., sind das Wolken drum herum?« »Nein, da fliegen lauter Blätter runter und der Igel freut sich, dass er gerade einen Apfel gefunden hat!«

Untere Reihe, rechtes Bild: »Auf dem Bild stürmt es ja schon gewaltig. Überall fliegt etwas in der Luft herum. Versteckt sich der Igel gleich im Laubhaufen?« »Ja, er hat schon genug gefressen. Obendrüber, das soll ein Ast vom Baum sein und Wind.«

Die Kinder verfolgen die Kommentierungen unglaublich gespannt und aufmerksam, bis alle 23 Bilder besprochen worden sind und die Lehrerin verspricht, diese auf dem Flur aufzuhängen. Die Kinder sind danach ausgeprochen zufrieden und machen sich beschwingt an ihre Schreibarbeiten.

Da jedes Kind mit seinem Bild identifiziert ist, *das Bild also auch das Kind ist*, bewirkt die Flash-Methode, dass auch das Kind sich wahrgenommen, verstanden und gewürdigt weiß. Und das hat offensichtlich für jedes einzelne Kind wie auch für die gesamte Klasse eine außerordentlich gute Stimmung an diesem Morgen ermöglicht. Wie von Michael Balint beschrieben, kann die Flash-Methode in einer nur kurzen Episode überraschend viel bewirken, indem sie ein augenblickliches Verstehen ermöglicht. Über dieses Verstehen werden konstruktive Prozesse in Gang gesetzt. Diese zeigten sich in unserem Beispiel unmittelbar in dem darauf folgenden Verhalten der Schülerinnen und Schüler. Angemerkt sei zu diesem Beispiel noch, dass die Lehrerin zu ihren intuitiven Kommentierungen ohne vorherige Kenntnis der Flash-Methode kam.

Über solche Anwendungen hinaus kann die Flash-Methode überall da hilfreich sein, wo wir Gefahr laufen, etwas zu zerreden oder mit Worten zu verletzen. Ebenso können die Flash-

Intuitionen in Situationen weiterführen, die so widersprüchlich oder unübersichtlich sind, dass sie eben nicht explizit mit Worten vermittelt werden können.

Und wie durch die Intuition, die sich aus den *Moving-along*-Erfahrungen des Autors heraus entfaltete, eine Beziehung zu der jungen Mutter hergestellt werden konnte, gelang es der jungen Mutter selbst, in dem mit therapeutischer Hilfe ermöglichten *moving along* als grundsätzlich neue Erfahrung sowohl eine annehmende Beziehung mit dem eigenen Kind herzustellen wie auch *zu dem Kind in ihr selbst.*

Die Intuition des Augenblicks ereignet sich stets aus Zusammenhängen heraus und kann zugleich verändernd auf diese einwirken.

In unserem lebensgeschichtlichen Gewordensein verstanden und in unseren in uns schlummernden Möglichkeiten sowie in unseren Bedürfnissen erkannt zu werden kann in einem Augenblick viel verändern. Dies jedoch nur, wenn wir uns begegnen können – so wie im spielerischen Oszillieren des *moving along.*

Sich daran zu erinnern erscheint umso dringlicher, als es Alarmzeichen gibt, die, wie im vorhergehenden Kapitel dargestellt, verständlicherweise nach mehr Kontrollen rufen lassen, mit denen aber nur die Symptome angegangen werden:

Junge Frauen, die Erzieherinnen werden wollen, sind immer häufiger nicht in der Lage, sich im *moving along* auf Kinder einzulassen. Dies berichteten Leiterinnen von Fachschulen für Erzieherinnenausbildung auf einer Tagung in Erfurt im Herbst 2007. Und: »Wir müssen mit den angehenden Erzieherinnen das machen, was wir sie sonst mit den Kindern machen lassen – nämlich spielen und tanzen. Und nur ganz allmählich gelingt es den jungen Frauen, auf diese Weise eine Beziehung zu den Kindern herzustellen ...«

Kann man daraus schließen, dass immer mehr junge Mütter, wie meine Patientin, nicht in der Lage sind, sich im *moving along* auf ihre Kinder einzustellen – von den Vätern mal ganz zu schweigen? Verweisen die zunehmenden Meldungen über verhungerte und zu Tode geschundene Kinder in diesem Kontext auf eine allgemein um sich greifende Unfähigkeit, Kinder feinfühlig – empathisch – anzunehmen?

Wenn Mütterlichkeit im weiteren Sinne des Wortes sich aus implizitem Wissen, oder, wenn man so will, aus dem *sozial-kommunikativen Gedächtnis* speist, dann gibt es keine Garantie, dass Mütterlichkeit unter veränderten kulturellen Bedingungen (s. auch Kap. XII) unbeschädigt weitertransportiert wird.[2] Dann helfen auch keine Kontrollen und Vorschriften, sondern eher »soziale Hebammen«, die ein entsprechendes mütterliches Vorbild transportieren. Wirksamer kann sich auf Dauer aber nur eine allgemein wiederzuentdeckende Wertschätzung unseres impliziten Beziehungswissens erweisen. Und eben dies insbesondere im elterlichen *moving along* – jenseits von Normen und Kontrollen.

Epilog

Schlussphase des 8. Kongresses »Erziehung und Bildung«, November 2007 in Göttingen. Auf dem Podium diskutieren die Referenten, zunächst untereinander und dann mit den Zuhörern, die Möglichkeiten, nach finnischem Vorbild auch in Deutschland so etwas wie eine *Pädagogik des Willkommenheißens* auf den Weg zu bringen. Nach verschiedenen Wortmeldungen breitet sich gegen Ende der Diskussion Resignation aus:

- In Deutschland sei eben alles so reglementiert und über staatliche Aufsicht so festgezurrt, dass Initiativen, über die substanziell etwas verändert werden könnte, zum Scheitern verurteilt seien.
- Die Schulen hätten auch als sogenannte *eigenverantwortliche Schulen* keine Chance, einen deutlich anderen Kurs zu fahren.
- Eine Änderung der Lehrerausbildung, in der wie in Finnland auch die Persönlichkeitseigenschaften – wie zum Beispiel die Fähigkeit, sich wohlwollend auf die Schüler einzulassen – eine wesentliche Voraussetzung darstellen, zum Studium zugelassen zu werden, sei nicht in Sicht.
- Die Lehrer selbst seien nach dreizehn eigenen Schuljahren mit dem System so identifiziert, dass sie trotz besseren Wollens dem weiterbestehenden äußeren Druck des Systems nachgeben und das reproduzieren, was sie eigentlich mal ändern wollten – mit zynischer Resignation oder Erkrankung als Folge.

In dieser Stimmung fragt die Moderatorin, ob der Kongress mit seinen zahlreichen kreativen Impulsen in einer solchen Bedrückung enden solle …

Nein! – so ein aufsässiges Votum aus dem Zuschauerraum –,

man müsse dann auch mal Vorschriften und Regeln übertreten, wenn man wirklich etwas ändern wolle ...

Hierfür gab es dann gleich auch einige gelungene Beispiele. Daran schloss sich das Votum an, der Kongress solle ein Manifest zur Unterstützung einer »schöpferischen Aufsässigkeit« verfassen. Und schließlich: Wichtig sei ein allgemeiner Bewusstseinswandel für »mütterliche Verantwortung« eben auch der Institutionen – und der Väter ...

Die Bedrückung im Auditorium verflüchtigte sich. Mir ging in diesem Zusammenhang noch das Engagement Hamburger Bürgerinnen und Bürger durch den Kopf. Diese hatten Anfang der Neunzigerjahre nach dem schrecklichen Tod eines Kindes auf der Stresemannstraße mit Protesten und Straßenblockaden für ein menschenwürdiges Leben auch in der Stresemannstraße demonstriert. Diese Demonstrationen für Tempolimit und Verkehrseinschränkungen wurden auch dann noch fortgesetzt, als etliche Demonstrationsteilnehmer strafrechtlich verfolgt worden waren.

Seinerzeit hatte ich dies folgenderweise kommentiert: »Zeitgemäße Solidarität mit mütterlicher Fürsorge und mütterlichem Handeln konkretisierte sich hier in zivilem Ungehorsam. *Es gibt noch viel Ungehorsam zu lernen!*«[1]

Beim Hinausgehen aus dem Hörsaal traf ich Tuulia Koskus-Gärtner. Sie lachte mich freundlich an und sagte: »Wir haben in Finnland eine schöne Redewendung: Wir brauchen Träumer – mit Spaten in der Hand ...« »Sie meinen Utopien und Tatkraft, diese umzusetzen ...?« Ja, so könne man das, wenn man wolle, auch ausdrücken, war die Antwort ...

Auf der Fahrt nach Hause fiel bei mir der Groschen: Wir sollten, wie im *moving along*, auch sprachlich mehr tanzen. Nämlich den Tausendfüßlertanz. Um erfolgreich aus der Reihe zu tanzen – im *moment of meeting*.

Danksagung

Kritische Lektüre des Gesamtmanuskripts, anregende Diskussionen und ergänzende Hinweise verdanke ich Hans Dieter Smekal aus Theene Aurich, Rudolf Süsske aus Quakenbrück, sowie Helgard und Ulrich Weiß aus Lengerich/Westfalen.

Anmerkungen

Kapitel I. Wissen im Augenblick

1 Was von diesem Wissen jeweils aktualisiert wird, hängt von den augenblicklichen Gegebenheiten ab: Wenn wir unseren Freund freudig erwarten, so erkennen wir diesen auch schon von ferne, und zwar viel früher als bei einem unerwarteten, nur zufälligen Treffen in der Stadt. Allerdings können unsere Gefühle uns auch einen Streich spielen, und zwar insbesondere dann, wenn sie sehr heftig sind. Beispielsweise bei einer Verabredung mit der »ersten großen Liebe«: Warten vor dem Kino. Da vorn – das muss sie sein! Cool bleiben und gelassen entgegengehen ... Und jetzt ist genau zu erkennen, sie ist es – leider nicht.

2 Stern, D. N. (2005): Der Gegenwartsmoment. Veränderungsprozesse in Psychoanalyse, Psychotherapie und Alltag. Frankfurt/M.: Brandes & Apsel (S. 89).

3 Bueb, B. (2006): Lob der Disziplin. Eine Streitschrift. Berlin: List.

4 Kurioserweise finden wir immer wieder bei Wissenschaftlern, die explizite Leitlinien – zum Beispiel für ärztliches Handeln – zusammenstellen, eine eher mangelhafte Bereitschaft, diese impliziten Vorannahmen zu bedenken. So werden die unterschiedlichen Menschenbilder, die konkurrierenden Therapieverfahren zugrunde liegen – beispielsweise bei ADHS oder Depressionen –, kaum reflektiert. Dadurch werden auch die sogenannten Leitlinien-Konsensuskonferenzen oftmals zu einem politischen Gerangel, indem sich der mit seinem Konzept durchsetzt, der am besten zu taktieren weiß.

5 Liessmann, K.-P. (2006): Theorie der Unbildung. Wien: Zsolnay, S. 41.

6 Neue Osnabrücker Zeitung, 20.01.2007.

Kapitel II. Intuition – nicht »aus dem Bauch«, sondern aus dem ganzen Menschen

1 René Descartes (1596–1650) verstand Intuition als einen kreativen Akt des Geistes, nämlich als das unmittelbar vorausgehende Denken vor jeder wissenschaftlichen Methode. Hiermit war er unserer heutigen Vorstellung von Intuition schon sehr nahe. Heute wird Anschauung als Intuition weitgehend im Kant'schen Zuschnitt verstanden, und zwar insbesondere in Unterscheidung vom Begriff. Diese Kant'sche Unterscheidung zwischen Be-

griff und Anschauung hat bis in die Gegenwart hinein auch unser wissenschaftliches Denken bestimmt. In seiner Definition vom Begriff hat Kant eine Umschichtung in dem bis dahin gültigen und von Aristoteles geprägten Verhältnis von Begriff und Anschauung vorgenommen: Das, was sich in der aristotelischen Lehre vom »eidos« als das gleichbleibend Wesenhafte zeigt, wurde von Kant zum Begriff geschlagen. Gleichzeitig wurden die Prädikate, die das Wandelbare, die Veränderung anzeigen, bei Kant auf die Seite der Anschauung gestellt. Unter diesem Blickwinkel erscheint die gegenwärtige Polarität von Leitlinien und Intuition als Variante einer ehrwürdigen zweieinhalbtausend Jahre alten Problematik.

2 Georg Picht (1969): Wahrheit, Vernunft, Verantwortung. Philosophische Studien. Stuttgart: Klett Cotta.

3 Georg Picht (1969).

4 Bloch, E. (1959/1984): Das Prinzip Hoffnung. Frankfurt: Suhrkamp.

5 Brötje, M. (2001): Bildsprache und intuitives Verstehen. Hildesheim, Zürich, New York: Olms.

6 Stern, D. N. (2005), S. 230.

7 Geboren in Budapest, dort auch Studium der Medizin (1920 Dr. med.), nachfolgend Philosophiestudium in Berlin (1924 Dr. phil.). Zunächst wissenschaftliche Arbeiten und Veröffentlichungen in der Biochemie, dann Hinwendung zur Psychoanalyse. Von 1935 bis 1939 Direktor des Psychoanalytischen Instituts in Budapest, dann Emigration nach England. Dort zunächst frei praktizierender Psychoanalytiker, ab 1950 beratender Psychiater und Psychoanalytiker an der Tavistock-Klinik in London, ab 1966 Leiter von Fortbildungsseminaren der Abteilung für Psychologische Medizin an der Universitätsklinik London. 1968 bis 1970 Präsident der britischen Psychoanalytischen Gesellschaft.

8 Drees, A. (2002): Prismatische Balint-Gruppe. Lengerich/W.: Papst.

9 Das aus einer Abwehr schmerzlicher oder beschämender Bewusstseinsinhalte resultierende *psychodynamisch Unbewusste* ist von dem impliziten Nicht-Bewussten noch zu unterscheiden (s. hierzu insbesondere Kap. VI).

Kapitel III. Improvisieren

1 Stern, D. N., et al.: (2001): Die Rolle des impliziten Wissens bei der therapeutischen Veränderung. Einige Auswirkungen entwicklungspsychophysiologischer Beobachtungen für die psychotherapeutische Behandlung Erwachsener. Psychother.Psych.Med., 51, 147–152.

2 Stern, D. (2005), S. 163.

3 Stern, D. (2005), S. 164.
4 Stern, D. (2005), S. 166.
5 Stern, D. (2005), S. 172.

Kapitel IV. Augenblicke der Begegnung

1 Stern, D. N. (2005), S. 110.
2 Stern, D. N., et al. (2001): Die Rolle des impliziten Wissens bei der therapeutischen Veränderung. Einige Auswirkungen entwicklungspsychologischer Beobachtungen für die psychotherapeutische Behandlung Erwachsener. Psychother. Psych. Med., 51, 147–152.
3 Mit Dank an Klaus Thiele, Nordhorn, als Initiator, für seine Choreografie und fabelhaften kreativen Impulse.

Kapitel V. »Words ...«

1 Daniel Stern (2005), S. 71.
2 Die meisten Patienten, d. h. die, die über die gesetzlichen Krankenkassen versichert sind, erscheinen nicht unmittelbar als Kunden, können aber bei »kundenbewusstem Verhalten« mit niedrigeren Krankenversicherungsbeiträgen rechnen. Für die Krankenhausträger, die beim Aushandeln der Leistungsvergütungen mit den Krankenkassen stets in einem Abhängigkeitsverhältnis zu diesen stehen, stellt die Übernahme des Begriffes Kunde dann eine freundliche Unterwürfigkeitsgeste gegenüber den Krankenkassen dar.
3 Es gibt jedoch auch *falsche Erinnerungen* zur Lebensgeschichte (*false memory*). Unser Gedächtnis ist eben kein computerähnlicher Speicher, sondern organisiert sich immer wieder neu. Dabei wird die Vergangenheit jeweils neu aus der Perspektive der aktuellen Gegenwart heraus betrachtet und damit auch unterschiedlich bewertet. Dies zeigt sich besonders häufig, wenn Zeugen vor Gericht befragt werden, wobei hier insbesondere auch suggestive Fragen die Erinnerungen verändern können. Auch können Menschen mit seelischen Konflikten traumatisierende Gewalttaten erinnern, von denen sie meinen, dass sie sie selbst erlebt beziehungsweise erlitten haben, was einer weiteren Nachprüfung oft nicht standhält. Insbesondere kann in einer therapeutischen Beziehung die Meinung des Therapeuten oder der Therapeutin, dass sich eine Traumatisierung ereignet haben muss, vom Patienten beziehungsweise der Patientin, übernommen und inhaltlich als konkrete eigene Erfahrung angesehen werden.

Kapitel VI. Die Fährleute zwischen den Ufern

1 Nonaka, I. & Takeuchi, H. (1997): Die Organisation des Wissens. Wie japanische Unternehmen eine brachliegende Ressource nutzbar machen. Frankfurt/M., New York: Campus, S. 85.

2 In Anlehnung an Weinmayr, E. (1989): Aspekte des Übersetzens zwischen Japan und Heidegger. In: Th. Buchheim, Hrsg.: Destruktion und Übersetzung. Zu den Aufgaben der Philosophiegeschichte nach Martin Heidegger. Weinheim: Wiley.

3 Eine ähnliche Tendenz zeigt sich in der kritischen Reflexion Ch. Webers bezüglich der Grundlagen einer evidenzbasierten Medizin. *Fragen zur Versorgungswirklichkeit von Menschen* könnten mit eingeengten Studien, auch wenn diese den wissenschaftlichen Goldstandards genügten, nicht beantwortet werden. In: Weber, Ch. et al. (2007): Evidenz- und Entscheidungsprozesse in der Medizin – welche Evidenz brauchen wir wirklich? Versicherungsmedizin, 59, Heft 4.

4 Auch hier gilt relativierend: Es gibt keinen Mechanismus, der sich eins zu eins umsetzen ließe. Zu berücksichtigen sind mögliche korrigierende emotionale Erfahrungen sowie Einwirkungen unserer selbstkritischen Beurteilung und Eigensteuerung.

5 Der Heidelberger Psychiater Janzarik spricht vom Aktualisierungsdruck, der hinter den Gedächtnisbeständen des expliziten Wissens steht. Er bezieht sich dabei allerdings mehr auf das, was bei Freud das *Vorbewusste* heißt, nämlich die Gedächtnisinhalte, die nicht gegenwärtig sind, aber durch eigene Anstrengung (Intentionalität) aktualisiert werden können. Im Unterschied hierzu sei das implizite Wissen ohne willkürliche und bewusste Zuwendung aktualisierbar, dies gehe jeweils im situativen Kontext nichtbewusst vonstatten. Für das explizite vorbewusste Wissen zeige sich dessen spontaner Aktualisierungsdruck in Fantasien und Tagträumen. Es gebe auch in den expliziten Wissensbeständen spielerische Bewegungen der Inhalte. Neue Verknüpfungen würden komponiert, die Gedächtnisinhalte gemixt und zum Beispiel als »rettender Einfall« dem Bewusstsein präsentiert. Ohne ein solches Geschehen, »das befähigt, aus gewohnten Bahnen auszubrechen (...), wäre keine Kreativität«. Janzarik, W. (2002): Abruf oder Autopraxis mnestischer Zustände? Nervenarzt, 73, 442–444.

6 Das geschieht, indem wir die körperlich-vegetative Symptomatik mit den abgewehrten Gefühlen und den lebensgeschichtlich bedeutsamen Ereignissen, die hinter den Gefühlen stehen, explizit wieder in Verbindung bringen. Diese sogenannte *aufdeckende* Therapie findet eine Einschränkung bei überwältigenden traumatischen Erfahrungen. Hier geht es zunächst nicht

darum, explizit das Trauma zu reflektieren. Im Vordergrund der Therapie steht über lange Zeit die Stabilisierung der traumatisierten Patienten, für die auch der implizite Beziehungsmodus von großer Bedeutung ist.

7 In dem Schema sind verschiedene wichtige psychoanalytische Begrifflichkeiten nicht ohne weiteres unterzubringen wie zum Beispiel *Identifikation* und *Introjektion*.

Identifikation kann – zum Beispiel als Identifikation mit dem Aggressor – sowohl als Abwehrphänomen als auch als Internalisierungsprozess, aber auch als Sozialisierungsprozess verstanden werden. Introjektbildungen gehören dann entlang der genannten Kriterien vorwiegend zur Sozialisierung.

Die Übertragungs-Gegenübertragungs-Dynamik speist sich nach Stern aus dem impliziten Gedächtnis (s. hierzu auch die Beziehungsdynamik zwischen Wiebke und ihrem Therapeuten bei dessen »Spieleinfall« im Kap. VII). Durch die Aktivierung impliziten Wissens kann auch die Abwehr des dynamisch Unbewussten labilisiert werden und können unbewusste Inhalte als Symptom verkleidet die Bewusstseinsschwelle überschreiten. So zum Beispiel beim klassischen Versprecher: »Es kommt zum Vorschwei..., äh, Vorschein ....!

8 Die nicht-bewusste Wahrnehmung erfolgt in denselben Hirnarealen, in denen auch die bewusste Wahrnehmung erfolgt. Die bewusste Wahrnehmung wurzelt in der nicht-bewussten: Wenn eine Nervenzellengruppe durch einen äußeren Reiz aktiviert wird, senden deren Nervenzellen ein Signal zu einer anderen Nervenzellengruppe. Diese zweite Gruppe wird dadurch ebenfalls aktiviert und sendet ihr Signal zu der ersten Gruppe zurück, so dass eine *Feedback-Schleife* entsteht. Diese kann sich auf eine dritte Gruppe ausdehnen, die daraufhin ein Signal wiederum an die erste und zweite Gruppe abgibt. Der Durchgang durch die erste Feedback-Schleife erfolgt sehr schnell, die Aktivierung dauert wahrscheinlich nicht länger als eine Viertelsekunde (Daniel Stern, 2005). Dies reicht für die Herausbildung einer nicht-bewussten Wahrnehmung. Wenn die Feedback-Schleife aber mehrfach durchlaufen wird und die damit verknüpfte Aktivierung sich lange genug hält, kann sich bewusstes Wissen herausbilden. Die Notwendigkeit, dass hier für mehrere Sekunden lang der Rückkopplungsprozess abgelaufen sein muss (mindestens viermal), schützt das Bewusstsein davor, dass es mit zu vielen Eindrücken überflutet wird, was uns denk- und handlungsunfähig machen würde. Damit wir freudig bewegt ausrufen können: »Da kommt er!« (nämlich der Jugendfreund), bedarf es der Mindestdauer eines visuellen Reizes, der aber dennoch nicht-bewusst bleiben würde, sofern wir ihm nicht implizit eine größere Bedeutung beimessen würden. (*Dieser* Gang, *diese* Physiognomie sind die des Freundes.) In diesem Augenblick entstehen überdauernde Feedback-Schleifen, die den Schritt der Wahrneh-

mung ins Bewusstsein ermöglichen. Alle anderen Gesichter auf der Straße werden entweder gar nicht bewusst wahrgenommen oder verblassen in kürzester Zeit. Letztere Wahrnehmungen werden nun nicht zwangsläufig als implizites Wissen gespeichert. Auch das implizite Wissen bedarf wiederholter Darbietungen. Die einmalige Wahrnehmung eines »uns nichts-sagenden« Gesichtes reicht dazu bei weitem nicht.

9 Spitzer, M. (2006): Das neue Unbewusste. Oder die unerträgliche Automatizität des Seins. Nervenheilkunde, 25, 615–622.

Kapitel VII. An den inneren Wächtern vorbei – Spontaneität, Intuition, Experimentierlust und Authentizität

1 Siehe auch Schiffer, E. & H. (2004): LernGesundheit. Lebensfreude und Lernfreude in der Schule und anderswo. Weinheim und Basel: Beltz, S. 53.

2 Stern, D. N. (2005), S. 83.

3 Stern, D. N. (2005), S. 83.

4 Winnicott, W. (1974): Reifungsprozesse und fördernde Umwelt. München: Tegler.

5 S. a. Schiffer, E. & H. (2004): LernGesundheit. Lebensfreude und Lernfreude in der Schule und anderswo. Weinheim und Basel: Beltz

6 Eine solche Ressource besteht in Finnland allerdings auch darin, dass die meisten finnischen LehrerInnen – vor einem entsprechenden gesellschaftlichen und historischen Hintergrund – für ein relativ geringes Gehalt hochmotiviert und begeistert arbeiten.

7 Hinrich Lühmann, Tagesspiegel vom 28.10.2007.

8 Begründet wird der Kampf oft auch mit der Angst vor dem Übergewicht.

9 Deter, H.-C.; Petzold, E.; Hehl, F.-J. (1989): Differenzierung der Langzeitwirkung einer stationären psychosomatischen Therapie von Anorexia-nervosa-Patienten. Zeitschr. f. Psychosom. Med. u. Psychoanal., 35, 68–91.

10 Von diesem verinnerlichten Großinquisitor zu unterscheiden ist die Fähigkeit zur Selbstorganisation, das heißt die Fähigkeit, sich selber Kommandos zu geben: Du musst jetzt aufstehen, sonst kommst du zu spät ... Die für unsere heutigen Ohren etwas schrill klingende Formulierung Goethes: »Wer mit dem Leben spielt, kommt nie zurecht, wer sich nicht selbst befiehlt, bleibt ewig Knecht ...«, verweist auf eben diesen unabdingbare Fähigkeit zur Selbstorganisation, um nicht in die Knechtschaft anderer oder der eigenen Trieb- wie auch Über-Ich-Impulse zu geraten.

11 Wobei die Gewichtszunahme allerdings für die Gesundung schon eine entscheidende Voraussetzung darstellt, gerade auch im Hinblick auf die Hirnfunktionen und die daran geknüpfte Fähigkeit zur Selbstkritik.

12 Gerlinghoff, M. (2004): Magersüchtig. Eine Therapeutin und Betroffene berichten. Weinheim und Basel: Beltz.

Kapitel VIII. Zauberkraft und Flüchtigkeit der Augenblicke

1 Stern, D. (2005), S. 79.
2 Stern, D. (2005), S. 45.
3 Prof. Dr. Olaf Köller, Direktor des Instituts zur Qualitätsentwicklung im Bildungswesen in einem Interview in »forum-schule«, April 2006.
4 forum schule, April 2006, S. 9.
5 Auch in Betrieben und anderen Institutionen kann ein Mindestmaß an Intersubjektivität nicht durch Evaluation, Qualitätsmanagement, Controlling und Leitbilder ersetzt werden. Und vermittelt wird Intersubjektivität immer nur durch Vorbilder, nicht durch Vorschriften.

Kapitel IX. Intersubjektivität – Augenblicke des Verstehens

1 Peichl, J. (2006): Traumaerfahrung und Balint-Gruppe oder die Rolle der Spiegelneurone beim intuitiven Verstehen. Balint-Journal, 7, 49–54.
2 Bauer, J. (2005): Warum ich fühle, was Du fühlst. Intuitive Kommunikation und das Geheimnis der Spiegelneurone. Hamburg: Hoffmann und Campe.
3 Bauer, J. (2005), S. 88.
4 Ich möchte anmerken, dass *Ereignisse* (das »Feuern« von Neuronen) nicht identisch mit *Erlebnissen* sind, sondern nur in einem korrelativen Verhältnis zueinander stehen, kategorial aber verschieden sind.
5 Fuchs, T. (2002): Non-verbale Kommunikation: Phänomenologische, entwicklungspsychologische und therapeutische Aspekte. Psychiatrie und Psychotherapie, 51, 333–345.
Ergänzend heißt es bei Fuchs: Merleau-Ponty hat aus phänomenologischer Sicht diese Sphäre als »Zwischenleiblichkeit« bezeichnet, um damit auszudrücken, dass es sich um ein systemisches Geschehen »zwischen zwei Leibern« handelt, in das beide Partner von vorneherein einbezogen sind (Merleau-Ponty 1994, S. 194). Ähnlich bezeichnet das *Zwischen* bei Buber den Raum der Beziehung, der der Differenzierung von Ich und Du vorausgeht – ein gerade vor dem Hintergrund der Säuglingsforschung höchst aktueller Gedanke (Buber 1984).
6 Winnicott, D. W. (1971/1979): Vom Spiel zur Kreativität. Stuttgart: Klett-Cotta, S. 129.
7 Bauer, J. (2002): Das Gedächtnis des Körpers. Wie Beziehungen und Lebensstile unsere Gene steuern. Frankfurt/M.: Eichborn.

8 Merleau-Ponty, M. (1986): Das Sichtbare und das Unsichtbare. München: Fink.
9 Bauer, J. (2005), S. 51.
10 Bauer, J. (2005), S. 69.

Kapitel X. Vorbilder statt Vorschriften

1 Bueb, B. (2006): Lob der Disziplin. Eine Streitschrift. Berlin: List.
2 Bergmann, W. (2007): Autorität und ahnungslos. In: M. Brumlik (Hrsg.): Vom Missbrauch der Disziplin. Antworten der Wissenschaft auf Bernhard Bueb. Weinheim und Basel: Beltz.
3 Freese, H.-L. (1992): Kinder sind Philosophen. Weinheim und Berlin: Beltz-Quadriga, S. 85.
4 Diese wurden wesentlich von Franz Rudolf Faber gestaltet, in dessen Klinik der Autor Anfang der Siebzigerjahre seine »Lehr- und Wanderjahre« verbrachte.
5 Anfangs nur Ärzte, späterhin auch Diplom-Psychologen und in der Kinder- und Jugendpsychiatrie auch Diplom-Pädagogen.
6 Einer der führenden Protagonisten einer »normierten« Psychotherapie (deren Nichtbefolgung mit der Strafandrohung wissenschaftlicher Exkommunikation verbunden war), nämlich der in Zürich forschende Diplom-Psychologe *Klaus Grawe,* relativierte in einer posthumen Veröffentlichung (zusammen mit *Christoph Stucki*) seinen Standpunkt: »Die Umsetzung eines möglichst optimalen verbalen und non-verbalen Beziehungsverhaltens (in der Therapie, E. S.) ist allerdings nicht so einfach. Beziehungsverhalten und Beziehungsstile (der Therapeuten, E. S.) scheinen äußerst stabil zu sein und wegen des Mangels an bewusster Steuerungsmöglichkeit wohl auch relativ veränderungsresistent.

Ein grundsätzlicher Mangel in der therapeutischen Ausbildung ist, dass hauptsächlich inhaltlich deklaratives Wissen vermittelt wird, damit aber prozedurales Wissen, das in der konkreten Umsetzung von Beziehungsgestaltung notwendig ist, nicht vermittelt werden kann. Hier müssen Bemühungen verstärkt werden, neue Lernkonzepte zu entwickeln und umzusetzen, die diesen lern- und gedächtnisorientierten Grundsätzen vermehrt Rechnung tragen. Möglichkeiten sind stark ausgeweitetes Arbeiten auf prozeduraler Ebene ...« (Stucki, Ch. & Grawe, K. [2007]: Bedürfnis- und motivorientierte Beziehungsgestaltung. Hinweise und Handlungsanweisungen für Therapeuten. Psychotherapeut 52, 16–32). Genannt werden von den Autoren intersubjektive »spiegelneuronenorientierte« Lernweisen wie Rollenspiele, Möglichkeiten zur Co-Therapie und Selbsterfahrungs- oder Trainingsgruppen für angehende Therapeuten. Immerhin. Das lässt hoffen.

Wie auch der Untertitel des Aufsatzes, in dem den »Handlungsanweisungen für Therapeuten« die *Hinweise* vorangestellt sind.

7 Hüther, G. (2006): Beziehungsgestaltung als angewandte Neurobiologie. Balint-Journal, 7, 80–85.

Kapitel XI. Wirkungen und Nebenwirkungen von Vorschriften, Tests und Kontrollen – zum Tode einer Lehrerin

1 Namen von der ZEIT-Redaktion geändert.

2 Darunter sind freilich auch Lehrerinnen und Lehrer, denen es nur sehr schwer oder gar nicht gelingt, eine Beziehung zu Kindern herzustellen. Im Unterschied zur finnischen Lehrerausbildung, innerhalb derer die Studenten vom ersten Studientag an eine Hospitationsklasse zugeordnet bekommen, die sie dann über mehrere Jahre begleiten, sind bei uns eine frühe Konfrontation mit der Lehrersituation und eine damit verknüpfte Reflexion bezüglich der persönlichkeitsgebundenen Eignung zum Lehrerberuf nicht vorgesehen. Nicht wenige bekommen aus der späten Erkenntnis, für den Lehrerberuf von der Persönlichkeitsstruktur her nicht geeignet zu sein, Probleme mit dem Alkohol. Allerdings sind bei Alkoholproblemen primär oft auch Partnerschaftskonflikte oder Selbstwertkrisen zu erkennen. Letztere können sich insbesondere bei Konflikten im Kollegium oder bei dem Gefühl, vom Schulleiter im Stich gelassen zu werden, einstellen. Ebenso können sich Konflikte auch aus der eigenen Biografie in der Begegnung mit den Kindern aktualisieren und zu psychosomatischen Symptombildungen und/oder Ängsten und Depressionen führen. Insbesondere engagierte und um Veränderung bemühte Lehrerinnen und Lehrer reflektieren meist kaum, dass sie sich mit dem, was sie ändern wollen, über 13 Schuljahre identifiziert haben – dies auch im Sinne einer Identifizierung mit dem Aggressor. Vor diesem Hintergrund sind sie dann als Lehrer in ein System eingespannt, das sie zwar ändern wollen, dessen äußerer Druck aber zusammen mit dem inneren Identifizierungsdruck dagegen wirkt. *Burn-out* hat eben nicht nur mit äußeren Belastungen zu tun, sondern auch mit narzisstischer Verletzbarkeit und einer ambivalenten Motivation.

Psychosomatische Symptombildungen beziehungsweise psychische Symptome wie Depressionen und Ängste nehmen mit 45 % den ersten Rangplatz bei den Frühpensionierungsleiden von Lehrern ein. »So wird im Freistaat Bayern annähernd jede zweite Lehrkraft am Gymnasium aufgrund eines derartigen Leidens vor der Regelaltersgrenze dienstunfähig« (E. u. H. Schiffer, 2004: LernGesundheit. Lebensfreude und Lernfreude in der Schule und anderswo. Weinheim und Basel: Beltz).

3 Diese Angaben verdanke ich der nach Deutschland verheirateten finnischen Pädagogin Tuulia Koskus-Gärtner. Zusammen mit Sven Masurat hat Frau Koskus-Gärtner im Jahr 2000 das Projekt *Wohlbefinden in der Schule* an der Hauptschule Dolrum im Landkreis Cuxhaven durchgeführt und dokumentiert.
4 Hierzu wurde der Erstautor als Referent eingeladen. Sein Thema: »Good practices for promoting mental and physical health of young people«.
5 Grossmann, K. E. & Grossmann, K. (2007): Die Entwicklung psychischer Sicherheit in Bindungen – Ergebnisse und Folgerungen für die Therapie. Zeitschrift für Psychosomatische Medizin und Psychotherapie, 53, 9–28.
6 Grossmann, K. E. & Grossmann, K. (2007), S. 20.
7 Grossmann, K. E. & Grossmann, K. (2007), S. 24.

Kapitel XII. Caritas

1 Beine, K. H. (2007): Morden gegen das Leiden. Deutsches Ärzteblatt 104, 260–263.
2 Beine, K. H., ebd.
3 Beine, K. H., ebd.
4 Sigusch, V. (1998). Kritische Sexualwissenschaft und die Große Erzählung vom Wandel. Zeischrift für Sexualforschung, 11, 17–92.
5 Diabetes mellitus Typ I und II, koronare Herzkrankheiten einschließlich spezifischer Bluthochdrucksbehandlungsverfahren, Bronchialasthma und chronisch-obstruktive Lungenerkrankungen, Brustkrebs.
6 Vohs K. D., Mead N. L., Goode M. R.: The psychological consequences of money, Science, 2006, 314: 1154–1156. Angeführt nach Spitzer, M. (2007): Geld macht einsam. Nervenheilkunde, 26, 119–124.
7 Quelle: Deutsches Ärzteblatt 104, Heft 49 vom 7. Dezember 2007, Ausgabe B, S. 2960.

Kapitel XIII. Über den Augenblick hinaus

1 Loch, W. (1973: Die Balintgruppe, Möglichkeiten zum kontrollierten Erwerb psychosomatischen Verständnisses. In: Nedelmann, C. & Ferstl, H. (Hrsg.): Die Methode der Balintgruppe. Stuttgart: Klett-Cotta.
2 Diese Befürchtung äußern auch Greenspan, S. I. und Shanker, S. G. (2007): Der erste Gedanke. Frühkindliche Kommunikation und die Evolution menschlichen Denkens. Weinheim und Basel: Beltz.

Epilog

1 Schiffer, E. (1993): »Warum Huckleberry Finn nicht süchtig wurde. Anstiftung gegen Sucht und Selbstzerstörung bei Kindern und Jugendlichen.« Weinheim und Basel: Beltz.

In sich und der Welt ruhen

Wie ensteht Gesundheit? Eine Frage, die sich kaum jemand stellt. Über die Krankheit haben die Mediziner weitgehend die Gesundheit vergessen. Aber was genau ist Gesundheit, wenn wir sie nicht nur als Abwesenheit von Krankheit betrachten?
Das fragt Eckhard Schiffer, Analytiker, Arzt und Autor des Klassikers zur Suchtprävention *Warum Huckleberry Finn nicht süchtig wurde.* Nicht nach Fehlern und Störungen, die zur Krankheit führen, will er suchen, sondern nach schöpferischen Kräften, die seelische und körperliche Gesundheit von Kindheit an ermöglichen. Dabei stützt er sich auf das Konzept der Salutogenese – wörtlich übersetzt: Gesundheitsentstehung – Aaron Antonovskys und den Begriff der »Kohärenz« als Gefühl, »innerlich zusammengehalten zu werden, nicht zu zerbrechen und auch in äußeren Anbindungen Unterstützung und Halt zu finden«. Hat sich dieses Kohärenzgefühl in der Kindheit entwickelt, kann es in Krisen und Krankheitszuständen abgerufen werden. Dann können wir bedrohlichen Situationen und Belastungen positiv begegnen, wir nehmen sie als Herausforderungen an und zerbrechen nicht an ihnen.

»Schiffer schreibt über diesen inneren, abrufbaren Schatz, diese Stärke und eigene Möglichkeit der Lebensbewältigung, die gesund erhält und gesund macht, jenseits der medizinischen Fehlerfahndung.«
Süddeutsche Zeitung

Eckhard Schiffer
Wie Gesundheit entsteht
Salutogenese: Schatzsuche statt Fehlerfahndung
Beltz Taschenbuch 90
184 Seiten
ISBN 978-3-407-22090-5

Originalausgabe

BELTZ
Taschenbuch

Mit Lebensfreude und Lernfreude zum Lernerfolg

Was hat Lernen mit Gesundheit zu tun und umgekehrt: Gesundheit mit Lernen? Und dann noch mit Lebensfreude? Viel! Und solche Lerngesundheit lässt sich fördern. Schöpferische Aktivitäten spielen eine große Rolle dabei.

Eckhard und Heidrun Schiffer beschreiben, wie sich gesundheitsförderliche Lernprozesse praktisch umsetzen lassen, aber auch, wie abträgliche Lernprozesse – die auf den ersten Blick eher im Verborgenen ablaufen – zu identifizieren und zu verändern sind und wie man ihnen vorbeugen kann.
Dabei gehen sie der Frage nach, welche frühkindlich erworbenen Eigenschaften erfolgreiches und »humanes« Lernen in der Schule ermöglichen und wie Erziehung und Unterricht negative Entwicklungen sowohl bei Schülern wie auch bei Lehrern vermeiden helfen. Es geht ihnen um das Prinzip des »gelingenden Dialogs« und darum, die schöpferischen Kräfte im Menschen frei zu setzen.

Eckhard Schiffer und Heidrun Schiffer
LernGesundheit
Lebensfreude und Lernfreude in der Schule und anderswo
Beltz Taschenbuch 154, 212 Seiten
ISBN 978 3 407 22154 4

BELTZ Taschenbuch